Marilyn Manson, provocateur de génie

A ma mère

Il y a dix ans, Brian Warner a décidé qu'il changerait la face du rock, quoi qu'il lui en coûte : « Je serai celui qui ira jusqu'à se briser les reins pour que le rock redevienne à nouveau excitant », dit-il, appliquant presque le principe à la lettre. Pour lui rendre son intellectualité, son glamour, en refaire un art digne de ce nom, il devient Marilyn Manson et part en croisade. En 1994, alors que l'industrie du rock ne jure que par le *grunge* de Seattle (Nirvana, Pearl Jam) puis le *nu-metal* de Bakersfield (Korn) à Sacramento (Deftones), il s'incruste. Avec lui, sa bande d'épouvantails du dimanche, les Spooky Kids, d'abord maladroits et désorganisés, impose un retour à des tons plus sombres, des couleurs jusqu'ici portées dans des milieux confidentiels. Les pentacles, bas rayés, maquillage noir et autres symboles empruntés aux gothiques sont récupérés pour mieux les toucher et faire parler du groupe. L'apogée esthétique est atteinte avec *Sweet Dreams*, reprise commerciale et bien balancée de Eurythmics, dont le clip est un condensé de tout ce qui peut dégoûter et attirer. Dès lors, la masse se divise en deux parties qui s'affronteront pendant des années : les fans, absorbés et définitivement amoureux du groupe, et les opposants de tous bords, religieux, parents, politiques. Seulement deux ans après le lancement officiel de Marilyn Manson, *Antichrist Superstar* les propulse au rang de parrains du *metal*, mais aussi d'ennemis publics n°1. Une satisfaction personnelle pour Manson qui n'avait de toutes façons pas prévu de passer inaperçu. Il faut frapper les esprits pour durer, ne laisser aucun répit. La formule fonctionne à merveille, puisque dix ans plus tard, elle est toujours appliquée, mais avec plus de tact. Après être passé par tous les stades de provocation, du vulgaire touche-pipi aux pages de la Bible déchirées sur scène, l'anciennement Antechrist, nouvellement Arch Dandy a décidé de faire dans la dentelle. L'affinement s'est fait en douceur, son personnage se muant en permanence, du Lucifer du rock (*Antichrist Superstar*) à l'icône glamour (*Mechanical Animals*), de l'homme des cavernes (*Holy Wood*) à l'artiste dandy (*The Golden Age of Grotesque*). Ses accoutrements et ses attitudes uniques éclipsent totalement son groupe qui a toujours juste le droit de jouer et de se taire, accessoirement d'adapter son look à celui de son leader. Manson ne peut accepter aucune rivalité, aucune ombre.

La *rock star* qu'il est devenu, le petit Brian Warner l'a rêvée pendant des années, planqué derrière ses plaques d'acné et ses oreilles décollées. Quelque chose dormait en lui. Quelque chose ou quelqu'un. Il lui fallait trouver le masque qui tromperait le monde, le placerait au-dessus des autres. Le rock, la musique du Diable, fut la meilleure excuse pour ne pas être comme ceux qui l'entourent. Il devait se faire entendre, la musique était un salut, un porte-voix. Il dissèque la musique et le business, en découvre les rouages, apprend à manipuler les médias, à contourner les obstacles. L'apogée de Marilyn Manson n'a rien d'un hasard : elle est calculée, prévue depuis des années. C'est une vengeance nécessaire, sa seule chance d'exister. L'homme ne s'aime pas suffisamment pour ne vivre que pour lui-même, il vit alors pour combattre les autres. Comme certains cherchent une raison de se lever le matin pour leur travail ou leur famille. Le travail, la famille de Manson, c'est son groupe, rien et personne d'autre. Pourtant, plus le temps passe, plus les interviews s'enchaînent et plus l'on sent que l'artiste se sent étouffé par la *rock star*. Une sorte de schizophrénie poussée par un complexe d'incompréhension. Après tout le travail achevé, Marilyn Manson a besoin d'être considéré comme autre chose qu'un chanteur, il veut être reconnu comme un artiste et être considéré comme tel. L'art pardonne tout : les fautes de goût, les dérapages, les faiblesses. Le business dans lequel il s'est lancé il y a dix ans ne pardonne rien. Manson voudrait enfin pouvoir avancer tranquillement, sans avoir besoin de tout justifier et expliquer. Sans devoir répondre de chaque acte et parole. Le roi de la provocation a derrière lui un passé sanglant et puant qu'il souhaiterait peu à peu effacer pour laisser transparaître son nouveau « lui » : apaisé et vidé de sa haine. Un simple créateur passionné, à l'imagination sans bornes.

Comme pour tourner la page et passer au niveau suivant, il se pose en intellectuel raffiné dans son dernier album, *The Golden Age of Grotesque*. Dans cette biographie, nous ferons de même : clôturer dix ans de sexe, sang, sueur, drogues au service du rock'n'roll pour laisser place à un avenir plus... serein.

Charlotte Blum

Chapitre 1

De Brian Warner...

« A Barb et Hugh Warner, que Dieu leur pardonne de m'avoir mis au monde. » C'est à ses parents que Manson a dédié son autobiographie, The Long Hard Road Out of Hell.

A cause de sa folie calculée mais bien présente et de son style sombre, Manson a passé la quasi-totalité de ses premières interviews à expliquer que non, il n'a pas été violé pendant son enfance, ni battu, ni même un peu malheureux. Brian Warner a grandi dans une famille américaine presque normale, n'en déplaise à tous ceux qui cherchent une explication au taux de haine trop élevé dans le cœur de Marilyn Manson.

Hugh Warner est un père distant et colérique, propriétaire d'une boutique d'antiquités, marqué à vie après avoir été mécanicien d'hélicoptère pendant la guerre du Viêt-Nam. Il avait fait partie des Ranch Hands, le groupe d'intervention responsable d'avoir répandu de l'herbicide à haut risque sur tout le Viêt-Nam. A cause de ça, le petit Brian et son père seront suivis une fois par an par un centre d'étude américain pour surveiller d'éventuels troubles physiques ou psychiques chez eux. C'est le premier contact de Brian avec un monde différent et hors norme puisqu'il rencontre à cette occasion des pères blessés et des enfants handicapés ou mentalement instable. Certains d'entre eux portent des prothèses, objet qui fascine le gamin au point qu'il les collectionne (ou dit les collectionner) en grandissant. Pendant ces réunions, Brian se sent trop normal et en complet décalage avec son environnement, une sensation qui l'accompagnera pendant toute son adolescence et le poussera à se mettre volontairement en marge. Le père Warner n'est pas vraiment un père exemplaire, rarement présent à la maison et facilement énervé contre son fils à qui il fait tâter de la ceinture quand ce dernier ne fait pas ce qu'on lui demande. Il ne partage que des passe-temps d'adultes avec lui : faire de la moto, apprendre à tirer (le culte américain des armes à feux est amplifié par le passé de soldat). Du coup, Brian trouve le réconfort dans les bras de sa mère. Ancienne infirmière, elle le surprotège et en fait un véritable fils à maman, capricieux et insupportable. C'est sur elle et sa faiblesse qu'il passe ses nerfs, et son besoin d'exister et d'être le centre des attentions. Il lui hurle dessus, pique des crises de nerfs enfantines, va jusqu'à lui lancer un flacon de parfum dans la figure lorsqu'il la soupçonne de tromper son père. Car ce dernier n'étant que très peu présent à la maison, Brian commence doucement à prendre sa place, prenant le dessus sur sa mère qui subit. Manson parle d'elle comme d'une femme qui devient doucement folle et parle à des animaux comme à des êtres humains. Ce n'est que plusieurs années plus tard qu'il se rendra compte de son attitude et s'excusera via *Crytorchid* sur *Antichrist Superstar.*

Il faut remonter au grand-père Jack pour trouver un parent de Manson qui soit vraiment dégénéré. Mamie Warner est une vieille dame froide et rigide, riche mais radine, et catholique. Quand le petit Brian n'était pas sage, elle l'obligeait à rester à genoux sur un manche à balai pendant un laps de temps proportionnel à la gravité de l'acte. Mais à part ça, c'est une grand-mère bien normale. Pour ce qui est de Jack, il est tellement diabolisé dans les dires de Manson qu'il est bien difficile de juger si ce dernier dit vrai ou fantasme sur un aïeul pervers pour avoir quelque chose à raconter. Le vieil homme est dépeint comme un monstre au souffle rauque et effrayant dû à un cancer du larynx. Son passe-temps était de se cacher dans sa cave pour enfiler des sous-vêtements féminins, se masturber bruyamment en lisant des revues gays ou zoophiles et en faisant fonctionner un petit train électrique. Difficile de faire plus romancé que ça, les réalisateurs les plus lubriques n'auraient pas pu inventer un personnage aussi sombre. Voilà de quoi choquer Brian à vie, lui qui a découvert tout ça en voulant jouer au détective privé avec son cousin Chad. Il lui consacrera la chanson *Kinderfeld* sur *Antichrist Superstar.* Si l'on en croit ce qu'il dit, l'épisode Jack sera la chute définitive de l'innocence chez lui. Il a grandi trop vite et s'en désole depuis le début de sa carrière, courrant désespérément derrière la spontanéité et la légèreté de l'enfance. On peut d'ailleurs penser que le fait d'endosser un personnage et de le faire vivre comme il le fera plus tard en devenant Marilyn Manson est inconsciemment une façon de jouer encore, de croire aux histoires. Il racontera être allé à Disneyland sous acide pour retrouver le frisson de ses jeunes années, à l'époque où tout paraissait gigantesque et irréel.

Ce qui est étonnant dans la famille Warner, c'est que tout le monde permet à Manson de relater – et sans doute de déformer – ces histoires de famille sans broncher. Certes, Papi Warner est mort, mais la grand-mère dont on bafoue le mari n'a t-elle pas envie de réagir à de telles révélations ? Les parents Warner ne rougissent-ils pas en lisant les frasques de grand-père Jack et de son train électrique ? Ou alors la famille a-t-elle tout simplement accepté le fait que Manson base sa carrière sur sa personnalité et se doive, par conséquent, d'avoir quelque chose à raconter. Car il ne sera jamais un Jonathan Davis, chanteur de Korn qui a plus ou moins basé sa carrière et sa musique sur les abus sexuels et mentaux dont il fut vraiment victime étant enfant.

Brian grandit à Canton dans l'Ohio. Il commence sa scolarité dans une école épiscopalienne où on lui apprend à avoir peur du Diable, à bien se tenir et à respecter la parole de Dieu. Et c'est vers tout ce qui est interdit que Manson est inexorablement attiré. Déjà jeune, ses références sont celles qui impliquent de la controverse et le refus de l'autorité : le *Cat in the Hat* du Dr Seuss, Willy Wonka de *Charlie et la chocolaterie, Peter Pan.* Il se sent à l'étroit parmi les dogmes et aux cours de religion assénés par les professeurs, et fait tout pour se faire renvoyer de l'école. Mais sans succès puisque, évidemment, le rôle d'une école, et surtout de celle-ci, est de remettre sur le droit chemin les brebis égarées, pas de les laisser s'échapper. Il commença par devenir dealer de bonbons, puis crée un petit fanzine comique et enfin deale des disques de rock. Et c'est justement à travers le rock qu'il découvre le fruit défendu, la réelle subversion. Son père l'emmène voir un concert de Kiss à l'âge de dix ans, c'est la révélation. Tous les éléments les plus bannis par la religion sont réunis : le sexe, la provocation, le reniement voire la moquerie de Dieu. Un véritable *package* à rébellion. Mais si, au sein d'une école castratrice et entouré d'élèves coincés, Brian Warner peut se faire une petite réputation et commencer à exister, les choses vont vite changer.

Quand il entre en première, ses parents décident de déménager pour Fort Lauderdale et inscrivent leur enfant dans une école publique. Noyé dans la masse, maigre, boutonneux, banal et timide, Brian Warner n'existe plus et regrette amèrement son ancienne école. Les filles ne le regardent pas, les garçons ne se battent pas vraiment pour être ses copains. Il est plein d'acné (au point de devoir faire des UV pour assécher ses boutons), se coltine une coupe de cheveux se rapprochant d'un mulet avec coupe au bol sur le dessus en prime, est sans arrêt malade et donc souvent absent. Il est totalement impopulaire et ne le supporte pas, persuadé d'être supérieur à la moyenne. Il est obsédé par le rock, se nourrit de Alice Cooper, Kiss et Iron Maiden, joue à « Donjons et Dragons » et est sexuellement très, très frustré. Son attention va rapidement se fixer sur un seul objectif : se faire dépuceler. A côté de ça, sa mère ne supporte pas l'idée qu'il puisse grandir et continue à se comporter avec lui comme s'il était un enfant. Sa première relation sexuelle se fait avec la fille facile du lycée, du genre de celles qui ont tellement besoin d'être aimées qu'elles couchent avec tout le monde, alors pourquoi pas avec Brian. L'acte se déroule sur un terrain de base-ball et ne dure que quelques petites secondes puisque, avant même la pénétration, l'émotion gagna le jeune homme qui éjacula sur le champ... La seconde était une nymphomane, fille de riche qui ne lui laissa aucune initiative. La suivante était comme la première, une Marie-couche-toi-là qui lui refila des morpions. Ainsi débuta la vie sexuelle de celui qui se fait à présent appeler le « God of Fuck ». On comprend un peu mieux pourquoi il aime se donner des airs de dépravé sexuel. Pour ce qui est des amis, il suffit de lire son autobiographie pour comprendre que Brian attirait tous les losers de son école avec ses cheveux longs et ses tee-shirts de *heavy metal*, ou servait de tête de turc aux gros durs.

Ne trouvant pas beaucoup d'intérêt au lycée, il commence à écrire des nouvelles d'épouvante et des poèmes bancals qu'il envoie aux revues spécialisées. Dans chaque écrit, il garde une atmosphère sombre, décalée, maladroitement provocante. Il y concentre sa haine des autres, ses quelques références philosophiques (le nihilisme, par exemple). Et collectionne les lettres de refus. Ce qu'on comprend aisément en les lisant. Il fait alors quelques lectures dans des bars miteux, seul moyen de partager ce qu'il écrit avec un public. Il s'inscrit également à des cours de théâtre qui n'aboutissent à rien de concret. Brian Warner tâtonne, se cherche et s'ennuie fermement. Résigné, il finit par trouver du travail dans un magasin de disques où il se nourrit de rock et de *metal* (Jane's Addiction, Black Sabbath, The Cure, Iron Maiden, David Bowie) avant de devenir journaliste pour plusieurs revues dont *25th Parallel*. Il peut alors rencontrer des groupes en interview, dont les Red Hot Chili Peppers (son pire souvenir), Malcom Mc Laren (manager des Sex Pistols) et Trent Reznor grâce à qui il deviendra la star qu'il est à présent. Déçu par les réponses sans profondeur des artistes, il décide de passer de l'autre côté des paillettes, de devenir celui à qui on demande un avis. A chaque fois qu'il croise la médiocrité, il se renforce, sourit en coin et prépare la suite, tranquillement. Il est persuadé qu'il deviendra quelqu'un, qu'un jour il pourra leur rire au nez, leur renvoyer les regards de dédain. Un jour, ceux qui le bousculaient à l'école, les filles qui lui passaient devant sans même le regarder, les artistes qui lui répondaient vaguement sans lui prêter attention, tous ces gens qui ne lui ont porté aucun intérêt s'en mordraient les doigts.

Chapitre 2

... à Marilyn Manson

« [Je suis devenu Marilyn Manson] le jour où j'ai décidé de croire en moi. Quand j'étais enfant, j'étais le ver dont je parle dans Antichrist Superstar. Je suis devenu l'Ange qui voulait devenir Dieu. Je pense que tout le monde a un désir en lui, un potentiel d'Antéchrist. Et je pense pouvoir libérer ça, tout le monde peut devenir fort et ne plus être une victime. » Manson, au magazine Metal Edge, *1997.*

Le personnage même de Marilyn Manson est né de la rancœur du petit Brian Warner envers le monde. Son manque d'indépendance, la castration de l'école religieuse, l'indifférence de l'école publique, les rejets constants à ses envois de nouvelles. Warner ne parvient pas à faire sa place dans le monde : il va l'imposer. Mais pas en restant le « nobodies » qu'il est. La banalité le dégoûte et l'étouffe, il se doit d'être au-dessus des autres. Il s'écrit alors un rôle, s'offre un nouveau corps, celui de Marilyn Manson, mixe de Marilyn Monroe et Charles Manson. L'union du meilleur et du pire, de la beauté et la laideur, de l'ange et du démon. Il le décrit en ces mots dans *The Long Hard Road Out of Hell* : « Marilyn Manson était un parfait héros de roman pour un écrivain frustré comme moi. C'est un personnage qui, à cause du mépris qu'il a pour le monde dans lequel il vit et, encore pire, pour lui-même, utilise toutes les ruses pour que les gens l'aiment. »

Charles Manson fascine Brian Warner sur un seul point, et ce n'est pas le meurtre mais son influence sur les autres. Ou comment un homme a pu pousser des gens à tuer, changer leur vie, offrir leur corps (au sein de la Manson Family, les femmes étaient « à disposition ») sur la foi d'un discours. Cette capacité d'enrôler les autres, de les persuader, l'intelligence de Manson le titillent. Lui qui souhaite devenir le centre du monde, qui a un besoin de reconnaissance sans borne fantasme sur le pouvoir que Manson exerçait sur les autres.

Au-delà du mélange de deux extrêmes, il souhaite dénoncer un phénomène terrifiant aux Etats-Unis : la starification des tueurs en série. Charles Manson est devenu, à cause des médias, une idole au même titre que Marilyn Monroe, star et « plus belle femme du monde » Car si Manson n'a pas de sang sur les mains, il en a sur la conscience après avoir commandité de multiples meurtres, dont celui très célèbre de Sharon Tate. Durant son enfance et son adolescence, Charles Manson se forge un esprit haineux et destructeur à coup de séjour en prison pour divers délits. Il dit y avoir été violé à plusieurs reprises, mais n'utilisera pas cet argument pour justifier ses actes. Après avoir tenté vainement de vivre de sa musique (guitares folk et voix), il change de vie et crée la « Manson Family » au début des années 60. Il parcourt les Etats-Unis à bord de son Big Black Bus et recrute de jeunes filles obéissantes qui tombent sous son « charme » hypnotique : il en fait ce qu'il veut. Totalement misogyne, il met les femmes au service des hommes et de sa communauté, aussi bien domestiquement que sexuellement. La Family est une sorte de secte hippie où l'on boit ses paroles, au point que lorsqu'il commandite des meurtres, certains membres s'exécutent docilement.

Dans la nuit du 8 au 9 août 1969, l'Amérique sombre dans le bain de sang le plus spectaculaire. Manson désire faire assassiner Terry Melcher, un célèbre producteur qui a refusé de travailler avec lui ainsi que Rubi Altobelli, un agent de cinéma. Il envoie donc ses sbires chez lui, au 10050 Cielo Drive, Beverly Hills. Or l'agent a loué sa maison à Sharon Tate (l'amie de Roman Polanski) et ce soir-là, elle faisait une fête entre amis. Les invités sont tués avec une animosité indescriptible, les corps sont mutilés, tranchés, Tate est alors enceinte de huit mois. La maison fut retrouvée avec les mots « pigs » (cochons) et « Helter Skelter » écrits en lettres de sang sur les murs. Après avoir été découvert par la police, Manson déclare avoir été poussé à faire commettre cette boucherie sous l'impulsion du *White Album* des Beatles, en particulier de la chanson Helter Skelter. Il y voit l'avertissement d'un conflit racial qui exploserait aux USA. L'homme est un peu dérangé et complètement paranoïaque, il se prenait même pour Jésus Christ. Il est condamné à perpétuité.

Et malgré tout cela, il vous suffira de taper « Charles Manson » sur n'importe quel site de vente par correspondance culturel américain pour constater que l'on s'arrache les informations le concernant, comme n'importe quelle célébrité. Vous trouverez une liste inouïe d'ouvrages (2 900 titres sont référencés sur amazon.com), de disques, de posters et autre merchandising.

Depuis longtemps, il n'est plus considéré comme un meurtrier mais une icône par de nombreux Américains. Il reçoit son lot de demandes en mariage, de propositions de scénarios, fait exploser les scores d'audimat lorsqu'un reportage ou un *talk-show* lui est consacré.

Pour Brian Warner, on ne peut pas vivre dans un pays qui en est arrivé là. Un pays où l'on ne fait plus la part des choses entre la réalité et le show-business, où tout ce qui peut être exploité ou vendu l'est. Souvenez-vous du *Tueurs nés* de Oliver Stone. Ce *road-movie* met en scène Mickey et Mallory Knox, un couple déjanté qui, poussé par leur amour l'un pour l'autre et leur dégoût du reste du monde, tue tous ceux qu'il croise. Ils sont abreuvés de télé, de fiction et de violence. Les médias se jettent sur le sujet et font d'eux de véritables stars. Les victimes sont oubliées au profit du couple de meurtriers, beaucoup plus glamour et charismatique. En un très court laps de temps, ils font la couverture du *Time* et la une de tous les journaux et émissions télé. Cette fiction totalement aberrante n'est pourtant pas si lointaine de la réalité. Mis à part Sharon Tate, qui se souvient des victimes de Charles Manson ? Personne. Par contre, tout le monde est capable de le reconnaître ou de citer la Manson Family.

Voilà quelque chose qui trotte dans la tête de Brian Warner qui comprend rapidement que les gens se moquent de ce que tu fais, ce qui les intéresse, c'est ce que tu projettes. Il soigne donc l'emballage : son look et celui de ses musiciens, le visuel de son premier album *Portrait of an American Family* qui, s'il n'est pas beau, a le mérite d'interpeller l'auditeur, et surtout, il affûte son discours. Et pendant des années, il ne parlera que très peu de musique dans ses interviews. Il devient un divertisseur, un amuseur de foule. Il s'autoproclame « Ennemi Public n°1 », attise la haine parce que ça l'amuse. Son seul et unique but est de devenir une star. Il dira avec satisfaction au magazine anglais *NME* : « En Amérique, les Beatles étaient plus connus que Jésus-Christ. Moi, je serais plus connu que Satan. » Telle est l'envergure de l'ambition de Marilyn Manson.

Et si dès le début, le projet paraît si solide, c'est parce qu'il a laissé mûrir tout ça dans sa tête longtemps, s'est délecté des coups bas et épreuves reçues, a encaissé sans broncher, fabriquant tranquillement sa vengeance dans son coin. Toujours dans *The Long Hard Road Out of Hell*, il écrit : « Il (Marilyn Manson, ndr) aurait dû être le héros d'une assez longue nouvelle d'une soixantaine de pages. Le titre en aurait été *La Monnaie de sa pièce.* » Voilà pourquoi Manson est indestructible : toute l'exécration que l'on peut lui porter le motive, il s'en nourrit.

Marilyn Manson and The Spooky Kids (littéralement, Marilyn Manson et Les Enfants effrayants... admirez l'ironie) naît au début des années 90. Brian Warner prend vaguement des cours de théâtre et lit ses textes dans un club miteux, le Squeeze. L'artiste qu'il souhaite devenir fait ses armes et observe son entourage, mais pour le moment, autant dire qu'il n'est personne. Un soir, il fait la connaissance de Stephen Gregory Bier dans une boîte de nuit en draguant sa copine. Les deux deviennent amis, se revoient et bien que Stephen sache plus ou moins jouer de la batterie, Manson lui demande de se procurer un clavier et lui propose de monter un groupe. Il recrute ensuite un ami de ses cours de théâtre, Brian Tutunik, à la basse. Il ne tiendra pas bien longtemps et sera viré après le premier concert. Scott Putesky, rencontré dans une soirée, devient guitariste. Il est le premier vrai musicien avec qui collabore Manson, c'est lui qui met ses textes en chanson pour la première fois. Sa présence dans le groupe est indispensable pour cela. En plus de la guitare, il gère les boîtes à rythmes. Manson et lui forment le noyau de ce qui deviendra ensuite l'un des plus gros groupes de metal, mais l'aventure s'arrêtera prématurément pour l'un des deux... Et bien que Manson se fasse un plaisir de le faire passer pour un bon à rien dans son autobiographie, histoire de se mettre lui-même en valeur et de ne surtout pas admettre que son licenciement est une aberration due à son orgueil surdimensionné, il suffit de lire de vieilles interviews pour voir qu'il est resté son alter ego jusqu'à l'arrivée dans le groupe de Jordie White, venu remplacer Tutunik à la basse. Son état d'esprit correspond parfaitement à ce que recherche Manson : une forte personnalité qui n'exerce son pouvoir qu'au sein du groupe, ne fait pas de vague, écrit de bons morceaux, apporte ses idées sans faire de l'ombre au maître de cérémonie. Manson déteste être contredit. Le groupe est son projet, il le mène à sa façon (et à la baguette), et quiconque tentera de hausser le ton sera répudié, c'est ce qui arrivera un peu plus tard à Puteskey, alors rebaptisé Daisy Berkowitz. Freddie Steinhorns viendra remplacer les boîtes à rythmes qui lassent Manson. Il fut choisi par défaut : lui seul s'est présenté à l'audition.

Après quelques concerts pathétiques et des remaniements de line-up, Marilyn Manson and The Spooky Kids est finalement au grand complet et renommé selon la même formule que son leader : le prénom d'une icône féminine et le nom de famille d'un tueur. Ainsi, nous retrouvons Daisy Berkowitz (c'est-à-dire Scott Putesky à la guitare), Twiggy Ramirez (de son vrai nom Jordie White à la basse), Madonna Wayne Gacy (Stephen Gregory aux claviers), Sara Lee Lucas (Freddie Steinhors à la batterie) et bien sûr Marilyn Manson (Brian Warner au chant). Comme pour Manson, chaque nom est choisi suivant la combinaison icône féminine-tueur en série. Daisy Berkowitz pour Daisy Duke, la blonde de *Shériff fais-moi peur* et David Berkowitz, plus connu sous le surnom « Le fils de Sam ». Twiggy Ramirez pour le mannequin des années 70 Twiggy, et Richard Ramirez, « le traqueur de nuit », choisi car il était fan de *heavy metal.* Madonna Wayne Gacy pour la Ciccone et John Wayne Gacy surnommé « Pogo Le Clown ». Sara Lee Lucas pour l'actrice Sara Lee et Henri Lee Lucas.

Côté look, c'est Halloween à tous les étages : accumulation de symboles subversifs (pentacles, croix renversées, lunchbox en métal alors interdites aux USA car les mômes se battaient avec), vêtements ridicules (collants rayés type arc-en-ciel inspirés du *Cat in the Hat* du Dr Seuss, pantalons en cuir moulant type glam-rock et *hair-metal*, bretelles et quelques gouttes de maquillage maladroites). Très honnêtement, si vous n'en avez jamais vu, ne cherchez pas de vieilles photos du groupe, la démystification serait trop brutale. Très vite, l'épilation des sourcils est de mise, suggérée par David Bowie, le mentor attitré de Manson.

Pour son premier album, il retrouve Trent Reznor, créateur de génie de Nine Inch Nails avec qui il avait gardé contact après une interview pour *25th Parallel.* En plus de le signer sur son label, Nothing Records, il produit les trois premiers disques du groupe, *Portrait of an American Family* en 1994, *Smells Like Children* en 1995 et *Antichrist Superstar* en 1996. Puis il se retire. Car si Manson sait s'entourer des bonnes personnes, il ne garde pas les plus talentueuses trop longtemps, au risque qu'elles ne lui fassent de l'ombre. Le succès arrivant avec *Antichrist Superstar*, il n'est pas question que quelqu'un d'autre que lui en profite. Il a beau être on ne peut plus sûr de lui pour ce qui est de diriger les autres, captiver le public, créer un monde et s'y engouffrer, ses qualités de musiciens restent à prouver.

Il dira prétentieusement en 1997 (donc un an après la sortie de l'album à un journaliste de *RockSound* : « Si nous prenons toujours autant de plaisir, nous avons acquis l'un par rapport à l'autre une indépendance qu'il faudra bien reconnaître un jour ou l'autre. Quand on me demande "Comment s'est passée votre collaboration avec Trent Reznor ? ", j'ai plutôt tendance à rétorquer un truc du genre "Vous obtiendriez probablement une réponse plus intéressante en lui demandant comment s'était de bosser avec Marilyn Manson". » Rappelons au passage qu'à l'époque, il était loin d'être le phénomène de société qu'il est devenu.

Pourtant, à l'écoute de *Antichrist Superstar*, on peut se demander si Reznor ne l'a pas traité comme un album de Nine Inch Nails à part entière. Sa patte se sent d'un bout à l'autre de l'album, l'ambiance malsaine comme jamais, les sons et boucles, les souffles, les grains. Par la suite, ni Manson ni Reznor ne parviendront à refaire un disque aussi dense et sublime. Par la même occasion, l'Antéchrist en chef se débarrasse de Berkowitz qui ouvrait décidément un peu trop sa bouche et le remplace par Zim Zum.

L'album marche très bien aux Etats-Unis (il est classé 3e du Billboard US). Le pays s'est trouvé un démon à haïr, avalant mal les discours anti-Américains et anti-religieux. *Antichrist Superstar* est un disque violent, sanglant, rancunier. Le mal y rampe, s'insinue dans vos oreilles, vous tord le ventre. Manson s'y impose comme un impeccable meneur de foule. Il carbure à la provocation, véhicule une image scabreuse et impudique, déchire la Bible sur scène, scande des slogans imagés et mal reçus comme « Tuez vos parents » ou « Tuez Dieu ». Il s'ouvre le corps, s'incise le torse avec des tessons de bouteille, se jette contre ses musiciens, crache, hurle, montre son cul. Les associations chrétiennes commencent leur boulot et manifestent déjà devant les salles de concert, pensant qu'il faut sauver les âmes fragiles qui se sont laissées enrôler par le diable. La plus grosse partie de la presse le traite soit en groupe de base, soit en fou furieux sorti d'on ne sait où et rempli de haine. Et un pourcentage infime commence à comprendre qu'il ne s'agit pas ici d'un groupe banal. Que le message est fondé et intelligemment digéré. Que son leader, derrière ses corsets et son maquillage de clown dépravé, a un cerveau et sait s'en servir. En Europe, le succès est discret. Le groupe jouera deux fois à Paris au Bataclan (1500 places) pour promouvoir l'album. Ceux qui sont passés à côté de l'album ne perdent rien pour attendre. Quant aux autres, ils savent qu'ils partagent un secret sans précédent.

Il faudra attendre deux ans avant que Marilyn Manson ne sorte son quatrième album, *Mechanical Animals*, et présente John 5, son nouveau guitariste (Zim Zum n'a pas fait long feu). Etrangement, le fait que l'opus soit plus doux et mélodieux est un choc encore plus gros que celui de découvrir *Antichrist Superstar.* Le public s'attendait à tout sauf à ça. Le monde des animaux mécaniques est bleu et presque acidulé. On perd pied en voyant les combinaisons bleu fushia de celui qui se fait à présent appeler Omega, alors qu'on avait sagement préparé porte-jarretelles et corsets noirs. Plutôt que de se vider de ce qui le ronge, Manson, étourdi par la découverte de l'amour grâce à Rose Mc Gowan, se complait dans les sentiments. Il se crée son propre *Ziggy Stardust*, un disque rock, parfois glam, parfois pop, un disque sur lequel on danse plutôt qu'on ne se retourne les tripes. Une trahison pour certains, une évolution nécessaire pour d'autres, une tentative d'atteindre un public plus large, de calmer les esprits et se débarrasser de tous ces païens qui obstruent l'entrée des salles. Les concerts ne sont plus des appels à la rébellion mais une sorte de mauvaise parodie de *Holiday on Ice* version rock'n'roll. L'on découvre alors un autre atout de Manson : l'homme caméléon. Capable de se renouveler sans cesse, de s'inventer un univers entier à partir de n'importe quelle envie de départ (s'il est parti sur l'idée d'un hommage camouflé à Bowie, il a ensuite créé le visuel, le son, l'ambiance, les paroles, les costumes). A la fin de la tournée, et alors que le groupe rentre sagement à Los Angeles, les fans ne savent plus à quoi s'attendre pour la suite.

Puis en avril 1999, alors que la composition du successeur de *Mechanical* n'a pas commencé, une tuerie monstrueuse dans un collège de Littleton va tout bouleverser. Deux adolescents ont tiré sur leurs camarades de classe et professeurs en plein cours avant de se suicider. Le résultat est morbide : onze élèves et profs sont tués. Et c'est Marilyn Manson qui va en être tenu responsable (voir chapitre 13). Il a alors une bonne raison de redevenir hargneux et d'aiguiser ses armes. Sa douleur et sa haine donneront naissance à *Holy Wood*, album donné en réponse à tous ceux qui le pointaient du doigt. Plus que sombre, le disque est poussiéreux, macabre, encombré d'un trop plein de sentiments. Il est dédié à la jeunesse qui n'est jamais écoutée, à laquelle on ne s'intéresse qu'après un drame. Manson se réconcilie alors avec les fans qui avaient lâché le pantin à plumes, heureux de pouvoir de nouveau transpirer. Le chanteur a bien compris, alors que tout le monde lui tournait le dos sauf son public, que ce dernier a besoin de se reconnaître dans sa musique. La tournée qui suit reste la plus spectaculaire : les mises en scène sont grandioses, les changements de décor et de tenues dignes du cinéma. Mais surtout, l'ensemble reste toujours dans le ton ténébreux et malsain que réclament les fans à corps et à cris. Vous voulez du spectacle ? Vous en aurez.

La préparation de *The Golden Age of Grotesque*, sorti en 2003, prendra deux ans et demi. Twiggy Ramirez a quitté le groupe après dix ans de bons et loyaux services dans des conditions plus que floues, il est remplacé par Tim Skold, porteur d'un son neuf. Manson prend son temps pour découvrir de nouvelles inspirations par le biais de sa nouvelle petite amie, Dita Von Teese. Il découvre les ambiances de cabaret du Berlin des années 30, la décadence du gouvernement de Weimar, le dadaïsme. Il aura bientôt une décennie de carrière derrière lui et ne veut définitivement plus se contenter d'être un chanteur, aussi efficace soit-il. Il organise une exposition de ses peintures, tourne dans deux films (de tout petits rôles), parle d'art et de lui en tant qu'artiste à tout bout de champ. Quand l'album sort, il se rebaptise Arch Dandy en hommage à Oscar Wilde, instaure un look raffiné et élégant. L'album n'est ni lugubre ni enragé, mais léger et ironique. Ce sera pour lui l'album de transition. C'est le début d'une nouvelle ère mansonnienne, celle d'un artiste au service de son art et non plus de sa haine. L'avenir s'annonce plus que brillant...

Chapitre 3

The Spooky Kids

Les membres actuels

Madonna Wayne Gacy

C'est en essayant de draguer sa petite amie que Brian Warner fit la connaissance de Stephen Gregory Bier au Kitchen Club en 1990. Leur première conversation tourna autour des différentes manières de se suicider. Malgré le fait que Bier sache jouer de la batterie, Manson lui demanda de se procurer un clavier à fin de former un groupe, ce qu'il fit. Depuis, il ne s'est jamais séparé de Marilyn Manson, et est, à ce jour, le plus ancien membre du groupe. S'il existait un *Koh-Lanta* de Marilyn Manson, Wayne Gacy serait l'heureux gagnant tant son redoutable leader aime se débarrasser de ses musiciens. Sauf que le claviste est tout sauf encombrant. Il ne dit pas grand-chose, se fait beau et reste discret. Musicalement, il ajoute la touche finale aux compositions des autres, les rend plus sombres ou plus mystérieuses. Sur scène, il reste sagement dans son coin, la tête baissée, sans oublier de conserver une gestuelle proche de l'autisme histoire de faire couleur locale. A l'époque où Twiggy faisait encore partie du groupe, il faisait office de tampon entre les deux piliers du groupe. C'est lui qui introduit les doctrines de la numérologie et la kabbale juive au sein du groupe.

Ginger Fish

Frank Wilson de son vrai nom est l'un des rares membres du

groupe qui soit vraiment musicien. Il a toujours baigné dans la musique. Son père était un crooner qui tourna avec des pointures comme Frank Sinatra ou Paul Anka. Sa mère était une danseuse engagée par Warner Bros. C'est donc tout naturellement qu'il s'intéresse à ce milieu, il est plus particulièrement attiré par la batterie. Il commencera par jouer au sein du All State Big Band du Neva, puis accompagnera des chanteurs en tournée. Il suit ses parents en Floride où ils achètent un théatre et joue dans plusieurs productions musicales comme *La Veuve joyeuse*, *Chorus Line* ou *Jesus Christ Superstar*. Il intègre Marilyn Manson and the Spooky Kids à partir de *Smells Like Children*, remplaçant Sara Lee Lucas au poste de batteur, mais aussi de souffre-douleur. Il ne compte plus le nombre de micros, guitares, bouteilles d'eau jetés sur sa batterie, il fut d'ailleurs blessé. Fish mérite véritablement la médaille du musicien le plus patient et tolérant de l'histoire du rock, car en plus de servir de bouc émissaire, il est aussi le personnage le plus en retrait du groupe et n'est absolument pas médiatisé. Pourtant, il suffit de voir le groupe sur scène une seule fois pour se rendre compte que s'il y en a un qui se démène et transpire, c'est bien lui. « C'est vrai que je subis les colères de Manson, mais un pourcentage infime des musiciens gagnent leur vie grâce à leur musique et je la gagne bien, alors je resterais quoi qu'il arrive », explique-t-il avec philosophie.

John 5

Après avoir passé l'audition pour laquelle Zim Zum fut sélectionné deux ans auparavant, John 5 s'est enfin vu proposer une place dans le groupe juste avant la sortie de *Mechanical Animals* pour lequel il ne composa pas et fut crédité comme « guitariste *live* ». Il se rattrapa par la suite en participant activement à la création de *Holy Wood* et *The Golden Age of Grotesque* qui rend pour la première fois vraiment hommage à son travail. Il débuta la guitare à l'âge de sept ans et débuta sa carrière de guitariste professionnel dès ses dix-neuf ans. Excellent guitariste, il a fait partie de plusieurs autres formations dont Two, le groupe de Rob Alford (ex-Judas Priest), produit par Trent Reznor mais aussi avec Ozzy Osbourne et David Lee Roth. Son apport est très important au niveau du son, il apporte plus de mélodies, les morceaux sont plus digestes. Il est extrêmement perfectionniste et ne cesse jamais de jouer, que ce soit du *metal* pour Manson ou d'autres styles comme le *blue grass*, la *country*, le *western swing* ou le jazz. Après plus de cinq ans à jouer aux côtés de Manson, il se dit toujours aussi fan et impressionné par le personnage : « Ce que j'aimais chez lui, c'était son côté mystérieux, effrayant, et un peu dingue. Ça fait cinq ans que je joue dans ce groupe, et c'est toujours comme ça. Grâce à lui, je suis resté le fan de Marilyn Manson que j'étais. Il est au-dessus de tout le monde, intelligent, cultive. C'est un honneur de travailler avec lui », déclare-t-il dans le magazine *Guitar Part*.

Tim Skold

De son vrai nom Thim Sköld (il est suédois), il a la lourde tâche non seulement de remplacer Twiggy à la basse, mais aussi de constituer un binôme avec Manson. L'homme gravite dans le milieu de la musique depuis des années, à commencer par Kig Pin au début des années 90, groupe de glam qui bénéficie d'un petit succès, permettant à Skold de migrer vers Los Angeles où il rebaptise la formation Shotgun Messiah. Quand son chanteur se fait la malle, il multiplie les postes en assurant également les voix. Le groupe s'arrête en 1993 et le bassiste décide de débuter une carrière solo qui mettra du temps à démarrer, l'album *Skold* sort trois ans plus tard, en 1996. En 1999, il rejoint timidement Sascha Konietzko et KMFDM en assurant quelques parties de voix sur le morceau *Anarchy*, puis intègre officiellement le groupe pour les deux disques suivants, *Symbols* et *Adios*. En 2000, son parcours croise accidentellement celui de Manson, malheureusement pas dans les meilleures conditions. KMFDM est l'un des trois groupes qu'écoutaient en boucle les deux gamins responsables de la tragédie de Littleton avec Manson et Rammstein. Skold et Konietzko fondent MDFMK et sortent un album éponyme, le bassiste passe à la production. En 2001, il suit OhGr (le projet parallèle de son compagnon industriel) en tournée, avant de produire *Attack* en 2002. Il est approché par Manson avec qui il travaille sur *Tainted Love* pour les besoins de la bande originale de *Not Another Teen Movie*. La collaboration correspond exactement au son que souhaite avoir Manson sur son prochain album qui est pour le moment en chantier : sombre et limpide à la fois. Il lui propose de co-produire avec lui *The Golden Age of Grotesque*, non sans faire un détour par la case *Resident Evil* dont ils réalisent la BO ensemble. Quand Twiggy quitte le groupe, Skold est la personne idéale pour le remplacer, comme par hasard. Une petite odeur de complot se dégage de cette déclaration de Manson dans *Total ADdict* (2003) : « Son enthousiasme était si inspirant comparé à celui de Twiggy, qui était vraiment ailleurs, que j'ai pensé : plutôt que de perdre un ami et un album à cause de son manque d'enthousiasme, il valait mieux se séparer en bons termes. Alors Twiggy est parti. Tout le reste du groupe voulait que Tim soit très impliqué, plus que prévu. » Et force est de constater qu'aucun membre du groupe n'aura jusqu'à présent trouvé autant de valeur aux yeux de son leader qui a tendance à traiter ses musiciens comme des exécuteurs invisibles et dispensables. Du coup, Skold a pour le moment abandonné tout autre projet, comme il l'explique à *Hard N'Heavy* : « Je ne fais qu'une chose à la fois. J'ai toujours fonctionné comme ça d'ailleurs, car je préfère me focaliser sur un seul projet plutôt que de m'éparpiller un peu partout. Je veux faire de mon mieux dans Marilyn Manson et je fournirais tous les efforts nécessaires pour y arriver. »

Les anciens membres

Twiggy Ramirez

Jeordie Francis White de son vrai nom, Twiggy a un passé qui correspond largement au folklore de Marilyn Manson. Il fut élevé dans une atmosphère totalement bancale, suivant sa mère sur la route lors des tournées des Kinks ou des Mountain dont elle était groupie au point de danser nue dans des cages en fer durant leurs concerts. Son père serait mort dans un accident de voiture alors que l'enfant n'avait que 6 ans. Sa mère, en bonne fan de *metal*, lui laissait pousser les cheveux, ce qui lui valait les moqueries de ses copains d'école, et le déstabilisa complètement. Il se mit très jeune à enfiler les dessous de sa mère, et encore aujourd'hui, il semble naviguer entre les deux sexes, toujours en robe.

Il rencontre Manson dans le magasin de disques où ce dernier travaille en 1993. Il était alors guitariste du groupe de *metal* Amboog-A-Lard qui stagnait musicalement et avait déjà gagné son premier Slammies Awards (récompense de la scène *metal* floridienne) en tant que guitariste. Les deux deviennent très rapidement amis, passent leur temps à parler musique ou à faire des blagues stupides par téléphone. Ils commencent par monter quelques projets parallèles comme Mrs Scabtree (Manson est alors à la batterie et Twiggy au chant) ou Satan on Fire. Après avoir fondé Marilyn Manson and The Spooky Kids avec un mauvais bassiste qui fut viré car il était trop pris par la drogue, Manson le débauche de Amboog-A-Lard. Puisqu'il n'intègre le groupe qu'après que *Portrait of an American Family* soit sorti, c'est *Antichrist Superstar* qui marquera réellement le début d'une relation qui dépasse l'amitié. Véritable alter ego de Manson, Twiggy est la personne sur laquelle il peut compter quoi qu'il arrive. Ils composent ensemble, expérimentent toute sorte de bizarreries (fumer des os humains, ne pas dormir pendant plusieurs jours consécutifs) et sortent de l'enregistrement de l'album soudés et inséparables. Manson parle de lui comme de son frère. Leur alliance reste intacte pour *Mechanical Animals* et *Holy Wood.* Comme nous l'expliquons dans ce livre, Manson a besoin de s'entourer de bons musiciens pour combler ses lacunes dans ce domaine : Twiggy est la personne rêvée. En plus d'être bassiste, il compose toutes les parties de guitare. Il reste le seul membre du groupe à avoir droit à une légère couverture médiatique : il répond à quelques interviews, accompagne le chef à des avant-premières et autres événements *people*. En mai 2002, alors qu'on commence tout doucement à entendre dire que le groupe se met à travailler sur *The Golden Age of Grotesque*, une nouvelle invraisemblable tombe : Twiggy Ramirez quitte définitivement le groupe et est remplacé par Tim Skold. On ne saura jamais vraiment ce qui a bien pu se passer entre les deux hommes, chacun s'attribuant la décision de ce départ. Depuis, il a rejoint A Perfect Circle, projet parallèle de Billy Howerdel et Maynard James Keenan de Tool. Ceux qui ont vu le groupe en concert ont pu constater que Twiggy a pour une fois l'air heureux, sourit, s'amuse. Lui aussi pourra bientôt écrire ses « mémoires de l'enfer », maintenant qu'il en est sorti.

Daisy Berkowitz

Dans l'histoire de Marilyn Manson, Daisy Berkowitz est véritablement le dindon de la farce. Scott Puteskey fait la connaissance de Manson pendant une soirée en 1989. Ce dernier lui propose d'être guitariste du groupe, ravi d'avoir enfin trouvé quelqu'un capable de l'aider. Leur relation est très forte et ne sera détériorée qu'à l'arrivée de Twiggy Ramirez quelques années plus tard. Si les deux hommes s'entendaient si bien, c'est qu'ils voyaient la musique de la même façon : ils s'y consacraient pleinement, mettaient leurs caractères forts et individualistes au service de la musique, quitte à y perdre toute leur énergie. Malheureusement, si c'est ce qui les rapprocha, c'est aussi ce qui causa la perte de Daisy. Car si Manson apprécie cette personnalité pour le démarrage du groupe, il s'en méfie une fois la machine lancée. Pendant l'enregistrement de *Antechrist Superstar*, il réalise que Twiggy est capable de composer seul, y compris les parties de guitare. De son côté, Daisy commence à vouloir prendre de l'importance, il n'accepte pas l'idée de devoir rester dans l'ombre du maître et de s'écraser. Il sait qu'il a du talent et pense que cela suffira à garantir sa place au sein du groupe. Grossière erreur. Manson veut être la seule forte tête de l'aventure et a besoin de se faire respecter et obéir au doigt et à l'œil. Il est hors de question que qui que ce soit lui vole la vedette. Il décide donc de le licencier du jour au lendemain, ne conservant que quatre morceaux qu'il avait composés sur onze. Berkowitz porta plainte pour renvoi abusif, non-paiement de royalties et de prestations scéniques qu'il estime à 15 000 dollars (à peu près 15 000 euros). Ce n'est que plusieurs années plus tard que le dossier fut réglé sans que personne ne sache combien a réellement touché Berkowitz, mais il semblerait qu'un accord ait été pris sur une somme par les deux parties. Du coup, Manson et lui sont réconciliés, au point que l'ex-guitariste apparaît dans le clip de *(s)aint.*

En 1997, son projet solo appelé Three Ton Gate dans lequel il chante et joue de tous les instruments, s'accompagne à l'occasion de la chanteuse Tyreah James et ROD (Redneck On Drugs) en collaboration avec Rich Penny. Son EP *Vanishing Century* est disponible via internet.

Olivia Newton Bundy

Premier bassiste du groupe, il eut une participation très courte. Brian Tutunik faisait partie du même cours de théâtre que Manson vers 1990. Il fut renvoyé après le premier concert des Spooky Kids au Reunion Room. Il poursuivit sa carrière avec Collapsed Lungs, un groupe de *metal* léger qui fut signé chez Atlantic Records, et qui ne fit pas long feu. Leur dernier enregistrement remonte à 1994.

Sara Lee Lucas

Freddy Streithorst fut recruté par Manson lorsqu'il décida de remplacer les boîtes à rythmes par un batteur. Il organisa une audition : Streinthors fut le seul à se présenter. Adolescent, il avait eu un accident de voiture dont il sortit avec les muscles d'une jambe atrophiés au point qu'elle était déformée. Il avait appris à jouer de la batterie pendant sa rééducation. En plus de Sara Lee Lucas, il hérita d'un autre surnom : Freddy The Wheel à cause de la façon dont il jouait de la grosse caisse. Comme il est de coutume au sein de Marilyn Manson, il servit longtemps de défouloir au chanteur, recevant régulièrement des pieds de micros pendant les concerts. Si cela était supportable, le coup de grâce fut donné le soir de son dernier concert avec eux. Manson mit tout simplement le feu à la grosse caisse. Malheureusement, il se propagea rapidement à toute la batterie et au batteur lui-même qui se précipita hors de scène à la recherche d'un extincteur dans la plus grande indifférence. Il quitta le groupe le lendemain et prit un avion pour rentrer chez lui. Toujours soucieux de rappeler qui prend les décisions, Manson expliquera que cet acte était dans le but même de voir le batteur partir, cela lui évitait d'avoir à le renvoyer de vive voix. Depuis, Lee Lucas n'a plus jamais fait reparler de lui.

Zim Zum

Après le renvoi de Daisy Berkowitz, le groupe passe une annonce dans le *Chicago Reader* pour trouver un remplaçant. Les candidats doivent envoyer démos, photos et biographies. Une fois présélectionnés et avant de jouer devant le groupe, ils doivent répondre à un questionnaire pour le moins étrange : « Quel est ton symbole de pouvoir personnel ? », « Que penses-tu des gens de couleur ? », « Quelle est ta définition de l'art ? », « Si tu avais des relations sexuelles avec un homme dont tu n'es pas amoureux, cela voudrait-il dire que tu es gay ? » Ces questions étaient supposées permettre à Manson de trouver, en plus d'un bon guitariste, un musicien avec un fort caractère et une vision du monde similaire à celle du groupe. Thimothy Michael Minton fut l'heureux élu grâce à sa technique pointue et un détail qui n'en est pas vraiment un pour Manson : sa passion pour « Donjons et Dragons ». De plus, il construisait lui-même ses guitares. Son surnom fut le premier qui ne perpétua pas la traditionnelle combinaison starlette + tueur en série. Zim Zum est le nom hébreu de l'ange qui faisait tout le sale boulot de Dieu. D'après le guitariste, il l'aurait choisi car il s'agit également du lieu que créa Dieu alors que lui seul existait, qui serait le seul espace où il n'existerait pas puisqu'il y est omniprésent.

Arrivé trop tard pour *Antichrist Superstar* et viré avant la sortie de *Mechanical Animals*, il n'eut pas vraiment l'occasion de prouver ses talents, bien qu'ayant composé huit morceaux de ce dernier. Comme à son habitude, Manson le dénigra dans les interviews qui suivirent sa séparation d'avec le groupe et lui balança un petit coup bas dans le livret de l'album avec cette phrase : « Zim Zum ne composa que la chanson numéro x, x et x ». Il a depuis fondé Pleistoscene, groupe basé à Chicago qu'il définit comme un manifeste musical et un défouloir pour artiste.

Zsa Zsa Speck

Personnage mineur dans l'histoire de Marilyn Manson and The Spooky Kids, il officia au clavier pour le premier concert du groupe au Churchill Hideaway de Miami. Perry de son vrai nom, il était un adolescent boutonneux et insipide recruté au dernier moment pour le show et renvoyé aussi sec.

Chapitre 4

Portrait of an American Family & Smells Like Children

Portrait of an American Family

(1994, produit par Trent Reznor)

Prelude - Cake and Sodomy - Luchbox - Organ Grinder - Cyclops - Dope Hat - Get Your Gunn - Wrapped in Plastic - Dogma - Sweet Tooth - Snake Eyes and Sissies - My Monkey - Misery Machine

« We are the symptom of your christian America, the biggest Satan of all. This is your world in which we grow. And we will grow to hate you ». Message inscrit dans le livret de Portrait of an American Family.

C'est en 1994, après avoir été signé chez Nothing Records, le label de Trent Reznor, que Marilyn Manson sort son premier album, produit par ce dernier. Reznor s'entoure de certains de ses collaborateurs habituels dont Chris Vrenna, Charlie Clouser et Alan Moulder. A ce moment, le groupe tâtonne, se cherche une personnalité et accumule toutes les symboliques susceptibles de le faire entrer dans la catégorie des gothiques-violents-tendancieux. Malgré cela, on y trouve les prémices du génie de Manson, des détails très travaillés qui ne trompent pas, un discours carré, un début d'attitude. La pochette, en apparence assez « innocente » (une famille en papier mâché) cache de nombreux détails scabreux illustrant le sentiment de rejet qu'a le groupe envers les Etats-Unis. La scène est faite de telle sorte que l'« American Family » soit réunie dans son salon pour « nous » regarder, ou plutôt, regarder la télévision. C'est une soirée classique dans un foyer américain, la mère a sa cigarette à la main, est blonde décolorée, grasse et affalée sur le divan, les jambes écartées. Le père a bien entendu décapsulé sa bière et porte une ceinture où l'on distingue une main portant un revolver et l'inscription *Nobody ever raped a .38* (« Personne n'a jamais violé un calibre 38 »). La bonne vieille obsession des USA pour avoir une arme dans chaque foyer. Sur la table à côté d'eux, quatre petites figurines qui ressemblent fort aux Beatles, ce qui est plutôt étonnant de la part de Manson. Lui étant un admirateur du groupe (plus en terme de révolution musicale que par goût), on peut se demander pourquoi il les inclut dans la culture de ces citoyens américains qu'il n'aura de cesse pendant toute sa carrière de qualifier d'incultes. L'enfant le plus vieux à un regard inquiétant et lugubre, une plaie au creux du bras qui, peut-être, s'apparente à la marque d'une piqûre de seringue. Le bébé est nu, sexe apparent, tâche rouge sang sur le crâne. Voilà donc la famille américaine type dont Manson dresse le portrait, avec tous les clichés qu'il draine : tabac, alcool, arme à feu, drogue, consommation groupée de télé.

A l'intérieur du livret, on retrouve des dessins enfantins qui se veulent sans doute emblématiques, récupérés des vieilles jaquettes de démos. Tout l'univers Manson est réuni : les *lunch box*, la Bible, les friandises et le haut-de-forme de Willy Wonka inspirés du *Charlie et la chocolaterie* de Dahl, têtes de mort, pilules, seringue. De l'autre côté, des photos presque risibles à présent tant le groupe a fait du chemin depuis ces maladresses de look. Ils y mélangent le monde adulte et celui de l'enfance, entre des poses et visages qui se veulent malsains et des jouets et marionnettes de clown. Pour Sara Lee Lucas et Daisy, ce sera la première et dernière fois qu'on les verra dans un disque. Si aujourd'hui il paraît musicalement (très) daté, il est intéressant à écouter car la voix de Manson est beaucoup moins retouchée qu'à présent.

L'album s'ouvre sur *Prelude (The Family Trip)*, directement emprunté à *Charlie et la chocolaterie*. Il s'agit de *The Rowing*

Song, la chanson entonnée par les Oompa-Loompas lorsqu'ils descendent la rivière de chocolat. Les paroles ne sont pas dans le livret mais les voici : *« There's no earthly way of knowing, which direction we are going. There's no knowing where we're rowing, Or which way the river's flowing. Is it raining, is it snowing, Is a hurricane a-blowing. Not a speck of light is showing, So the danger must be growing, Are the fires of Hell a-glowing, Is the grisly reaper mowing. Yes, the danger must be growing. For the rowers keep on rowing, And they're certainly not showing, Any signs that they are slowing ».* Dans le roman, les Oompa-Loompas, ces petits nains serviteurs dévoués de Willy Wonka, le directeur de la chocolaterie, créent une chanson pour chacun des enfants venus découvrir l'usine. Chaque chanson est ironique et sombre, elles annoncent toutes une punition imminente pour l'enfant, Manson chante ici la chanson qui nous introduit à son monde et nous prévient de la punition à venir. Et c'est l'Amérique qui est punie. Il commence par chuchoter, susurrer à notre oreille, puis sa voix se fait plus menaçante avant de conclure par « Stop the Boat ». Le disque peut alors commencer. L'énorme influence de ce livre est extrêmement marquée dans *Portrait of an American Family*. On la retrouve par la suite dans *Dope Hat* où Manson devient Willy Wonka, séducteur d'enfants qui les attire pour mieux les châtier. *The children love the show, but they fail to see the anguish in my eyes [...] The crowd begins to grin, but they seem to scream when darkness fills my eyes* (« Les enfants ont l'air d'apprécier le spectacle, mais ils ne voient pas l'angoisse dans mes yeux [...] Le public commence à sourire, mais on dirait qu'ils se mettent à hurler en voyant l'obscurité remplir mes yeux »). Les innombrables dessins de bonbons et phrases comme *« Lollipops for the children »* rappellent le roman, où les confiseries sont des pièges pour appâter les enfants ; ici elles sont mêlées à des images de peur, de mort, de danger. En anti-héros parfait, Willy Wonka a puni ses jeunes visiteurs par leur propre vice, dans l'album, Manson renvoie à l'Amérique ce qu'elle a fait de lui : *We are what you made us* (« Nous sommes ce que vous avez fait de nous »). Et comme dans la chocolaterie, le monde de l'enfance est étroitement lié à la violence. Dans *Lunchbox*, ces valisettes en métal où les parents glissent le déjeuner de leur progéniture avant de les envoyer à l'école sont utilisées par les mômes pour frapper leurs camarades à la récréation. *I got my lunchbox and I'm armed real well [...] So no one fucks with me [...] Next motherfucker gonna get my metal* (« J'ai ma *lunchbox* et je suis très bien armé[...] Comme ça personne ne m'emmerde [...] Le prochain salop va se prendre mon métal »). Ces paroles peuvent avoir deux niveaux de lecture. Le premier où l'on lit simplement que la *lunchbox* sert de défense. Mais il y a un second sens à tout ça. On peut y entendre la voix du petit Brian Warner qui a été la victime de la haine des autres pendant qu'il était à l'école et qui va non pas se venger avec son goûter mais avec son *metal*, c'est-à-dire sa musique, et montrer à tous ceux qui l'ont rabaissé de quoi il est capable : *I wanna grow up, I wanna a big rock and roll star* (« Je veux grandir, je veux être une grosse star de rock and roll »). Les *lunchbox* en métal sont depuis longtemps interdites aux Etats-Unis à cause des débordements dans les cours d'école.

Outre le spectre de Wonka, on trouve aussi la trace de Charles Manson. Les premières paroles de *Cake and Sodomy*, « I am the God of Fuck » (« Je suis le roi de la baise ») y font directement allusion puisque c'est ce dernier qui portait ce surnom. Cela fait donc des années que Marilyn Manson a volé ce sobriquet l'air de rien et se l'est entièrement approprié. Sur la tranche même du Cd (si vous avez un boîtier transparent), vous trouverez ces mots : « I am you » (« Je suis vous »). Or voici une citation de Charles Manson : *Look down on me, you will see a fool. Look up at me, you will see a lord. Look straight at me, you will see yourself* (« Regardez moi de haut, vous verrez un idiot. Levez les yeux vers moi, vous verrez un seigneur. Regardez moi dans les yeux, c'est vous que vous verrez »). Autre référence, le morceau *My Monkey* contient les paroles de *Mechanical Man*, chanson écrite par Charles Manson à l'époque où il souhaitait devenir musicien (*I had a little monkey, and I sent him to the country, and I fed him ginger bread. Along came a choo choo, and knocked my monkey koo koo, and now my monkey's dead*). On retrouve également des samples et des phrases comme *Why are the children doing what they're doing? Why does a child reach up and kill his mom and dad and murder his two little sisters and then cut his throat?* ; *Raise up children, kill your moms and dads?* ; *Sanity is a little box* proviennent de chansons ou d'écrivains du gourou de la Manson Family. Dans *The Long Hard Road Out of Hell*, Manson explique : « *Mechanical Man* marquait le début de mon identification avec Manson. C'était un philosophe doué, plus fort intellectuellement que ceux qui l'ont condamné. Mais en même temps, son intelligence le faisait passer pour un type excentrique et fou, parce que les extrêmes ne rentrent pas dans la définition que la société a de la normalité. » Il poursuit sur le morceau : « Bien que *Mechanical Man* soit apparemment une comptine, c'était également une métaphore sur le sida, dernière des manifestations de la vieille habitude que l'homme a de se détruire à cause de sa propre ignorance, que ce soit dû à la science, la religion, le sexe ou les drogues. » Sur la chanson, on entend la voix de Manson ainsi que celle de Robert Pierce, un petit garçon de six ans, fils de deux fans du groupe. C'est également lui que l'on entend sur *Lunchbox* et qui joue dans le clip. Le hasard veut que le premier enfant qui fut assassiné par John Wayne Gacy s'appelait également Robert Pierce. Pour ceux que l'actualité de ce gamin devenu ado intéresse, sachez qu'il a enregistré une reprise de *Antichrist Superstar* pour la compilation *Anthems of Rust and Decay*, et qu'il enregistre son premier album avec son père.

Premiers pas d'un combat contre la religion qui s'étalera sur plusieurs albums, quelques morceaux sont à soulignés. Commençons par *Get Your Gunn* et ses mystérieux « nn ». Il s'agit en fait d'un jeu de mot entre « gun » (arme) et David Gunn, un gynécologue qui fut assassiné pour avoir pratiqué l'avortement. Les meurtriers ne sont autres que les membres d'une association chrétienne « Pro-Life », ceux qui sont « pour la vie » et donc, contre l'avortement. Or, tout le paradoxe est là : comment peut-on défendre la vie en tuant ? Dans les paroles, on ressent bien l'incrédulité du chanteur face à l'apparence lisse d'une religion pleine de vice : *Pseudo-morals work real well on the talk shows for the weak / but your selective judgements and goodguy badges don't mean a fuck to me* (« La pseudo morale fonctionne très bien dans les talk-shows pour les faibles / Mais vos jugements sélectifs et vos badges de bon samaritain ne valent rien à mes yeux »). *Get Your Gunn* sera le premier *single* de l'album et apparaîtra sur la bande originale du film *So Fucking What ?. Cake and Sodomy*, nettement moins subtile, dépeint une société perverse et sans aucune éthique où tout se vend et s'achète, y compris la religion : *Vcr's and vaseline, tv fucked by plastic queens / cash in hand and dick on screen, who said God was ever clean ? / Biblebelt 'round anglo-waste, putting sinners in their place / yeah, right, great if you're so good explain the shit stains on your face* (« Magnétoscopes et vaseline, la télé est baisée par des reines de plastique / l'argent dans la main et la bite sur l'écran, qui a dit que Dieu a toujours été clean ? / La boucle de ceinture à l'effigie de la Bible remet les pécheurs à leur place / Ouais, d'accord, c'est génial, si tu est si malin, explique la merde qu'il y a sur ton visage ».)

Histoire de le rendre plus dense, Manson a intégré quelques samples à *Portrait of an American Family* ; en voici une liste (presque) exhaustive :

Dans *Lunchbox*, les mots « Fire, I bring you fire » viennent de la chanson *Fire* de Arthur Brown. Les phrases « Did you have fun as a kid? / « It's beautiful to be made into a tattle tale or be forced to admire authority, sell yourself for a piece of candy » sont tirées du film *Dernier Tango à Paris*. De même pour « Go on, smile you cunt ! » dans *Cake & Sodomy* et « They're afriad of the dark. Imagine that. Come on mother, I want you to meet my friends » dans *Dogma*. Dans *Cyclops*, la tirade « God is in his holy temple » est empruntée au film *Poltergeist II. Dope Hats* contient au moins deux références : « Who put the goddam hat on the bed » qu'on retrouve dans *Drugstore Cowboy* et « The Great HooDoo will perform a feat of prestidigitation » dans la série télé américaine *Lidsville*. « What ?no... no... don't... this is gonna hurt somenone » que l'on entend dans *Get Your Gunn* vient de *Death Scenes*, un film noir US en noir et blanc de 1989, dont Anton LaVey était le narrateur. Dans *Organ Grinder*, les phrases « Come along », « Come and get your lollipops », « If there are children here my friend, you will die » proviennent de la comédie musicale pour enfants *Chitty Chitty Bang Bang*. Les mots du tueur en série Richard Ramirez, « Killing is killing, wether done for duty, profit or fun » sont repris dans *Snake Eyes and Sissies*. En écoutant *Wrapped in Plastic*, on devine les mots « Come Here Laura » tirés du dernier épisode de la série de David Lynch, *Twin Peaks*. Enfin, le disque se conclut par *Mosery Machine*, truffé de samples. « Beep beep. Beep beep. His horn went beep beep beep » vient de la chanson *The Playmates Beep Beep*. On retrouve également une tirade du film *Desperate Living* : « Go home to your mother ! Doesn't she ever watch you ? Tell her this isn't some communist day care center. Tell your mother I hate her. Tell your mother I hate you ! » Puis, après quelques minutes de silence, on peut entendre le message d'une hypothétique mère de famille outrée que son fils écoute Marilyn Manson et qui menace le groupe : *I want my son off of your mailing list. I have already contacted the post office for your pornographic material that has been received in the mail. My next stop is my attorney. I do not want this number called anymore and I do not want anything delivered to my address. If I receive anything else from this band or this group, my next phone call will be my attorney and you will be contacted. Thank you and good bye* (« Je veux que mon fils soit retiré de votre *mailing-list*. J'ai déjà contacté le commissariat pour les informer des contenus pornographiques que j'ai reçus. Ma prochaine étape sera mon avocat. Je ne veux plus recevoir de coups de téléphone et je ne veux plus rien recevoir. Si je reçois quoi que ce soit de ce groupe, j'appellerai mon avocat qui vous contactera. Merci et aurevoir »).

Ainsi s'achève la première œuvre de Marilyn Manson qui part la défendre sur la route en première partie de Nine Inch Nails. L'accueil du public est plus qu'encourageant, Manson se doit d'offrir à *Portrait of an American Family* un successeur à la hauteur. Il décide donc de mettre sur pied un EP qui fera patienter les fans pendant qu'il travaille sur *Antichrist Superstar* en profondeur. Mais le EP en question, qui n'aurait dû contenir que quatre morceaux, remixes de *Dope Hat* et *Organ Grinder*, deviendra un album de quinze chansons.

Smells Like Children

(1995, produit par Trent Reznor)

*The Hands of Small Children – Diary of a Dope Fiend – S***Y Chicken Gang Bang – Kiddie Grinder (Remix) – Sympathie for the Parents – Sweet Dreams (Are Made of This) – Everlasting C***Sucker (Remix) – F** Frankie – I Put a Spell On You – May Cause Discoloration of the Urine or Feces – Scabs Guns and Peanut Butter – Dance of the Dope Hats (Remix) – White Trash (Remixed by F Winggins Tony) – Dancing with the One Legged – Rock'n'roll Nigger*

La pochette et la photo au dos de *Smells Like Children* montrent qu'en seulement un an, le groupe a déjà évolué visuellement. Côté face, Manson se pose en un Willy Wonka sombre et inquiétant, le doigt posé sur les lèvres, un haut de forme de rigueur (le même que Wonka) sur la tête. Le logo est plus travaillé, les couleurs plus vendeuses. Côté pile, les cinq Marilyn Manson ont accueilli Ginger Fish en remplacement de Sara Lee Lucas et uniformisent mieux leur look. Maquillage obligatoire pour tout le monde, les sourcils ont disparu (idée prise chez David Bowie), la célèbre robe de Twiggy fait son apparition (il est presque méconnaissable d'un album à l'autre, comme happé par la musique). Pour ce qui est de la musique, c'est le grand fouillis. Pas mal d'instrumentaux inutiles rendent l'écoute d'une traite difficile (*The hands of Small Children, S****y Chicken Gang Bang*) mais alourdissent volontairement l'atmosphère. Un disque dont seul le titre s'adresse aux enfants, l'intérieur est plus du domaine de l'adulte, du sexe, de la maladie. Comme prévu, on retrouve quand même les remixes : *Diary of a Dope Fiend, Dance of the Dope Hats (Dope Hat), Kiddie Grinder (Organ Grinder), Everlasting C***sucker* et *White Trash (Cake & Sodomy).* Sur cette dernière, Manson laisse la vedette à Tony F.Wiggins, l'une des personnes les plus proches du groupe, encore aujourd'hui.

Mais ce qui fera le succès de *Smells*, c'est bien entendu *Sweet Dreams*, la reprise très célèbre de Eurythmics, jetée en pâture aux médias et à MTV qui à immédiatement diffusé le clip en boucle. Le public se laisse accrocher par l'ambiance malsaine et putride de la vidéo, chaque auditeur est alors préparé à recevoir tout le mal et la violence que le groupe est prêt à leur offrir. Marilyn Manson ne ment pas sur la marchandise. *Sweet Dreams*, même s'il ne s'agit pas d'un morceau original, n'est pas un gentil *single* passe-partout qui ouvre les portes facilement. Seulement tout est tellement bien ficelé, l'attitude, l'apparence, le son, l'image que ça fonctionne tout seul. Le disque comporte deux autres reprises dont *Rock'n Roll Nigger* de Patti Smith que Manson a parfois chanté sur scène accompagné d'un ami noir, suite à la demande de la police locale de supprimer la chanson du show pour ne pas heurter les sensibilités. *I Put a Spell On Yo*u est un morceau de Screaming Jay Hawkins auquel Manson rend tout son côté envoûtant et mystérieux : la voix est lancinante, la basse roule sur elle-même. Il est agrémenté de bruitages tirés de *Massacre à la tronçonneuse.*

L'étrange dialogue de *May Cause Discoloration of the Urine or Feces* est censé être la conversation téléphonique de Barbara Warner, la mère de Manson qui était infirmière, et une malade, Blanche Wyer, qui aurait oublié de prendre ses médicaments.

Chapitre 5

Antichrist Superstar

Antichrist Superstar

(1996, produit par Trent Reznor et Dave Ogilvie)

Irresponsible Hate Anthem – The Beautiful People – Dried Up, Tied Up and Dead to the World – Tourniquet – Little Horn – Cryptorchid – Deformography – Wormboy – Mister Superstar – Angel with the Sabbed Wings – Kinderfeld – Antichrist Superstar – 1996 – Minute of Decay – The Reflecting God – Man That You Fear

« Cet album est vraiment la bande originale de nos vies. » Marilyn Manson à propos de Antichrist Superstar, *au magazine* Guitar School *(1996)*

Au même magazine, il explique : « Je vois cet album comme une œuvre d'art qui continue à évoluer tant que les gens l'achètent. Il n'a pas encore été conclu. C'est un peu une prévision de ce qui va arriver. Si tu crois en quelque chose assez fort, ça arrivera. » Pour tout fan de Manson qui a suivi l'évolution du groupe, cette phrase est tout simplement incroyable. Si l'on répète sans cesse que l'homme est particulièrement intelligent et sait parfaitement où il va, nous en avons ici la plus grande preuve. En 1996, il sait déjà que *Antichrist Superstar* est le début d'une trilogie qui sera achevée avec *Mechanical Animals* et *Holy Wood* quatre ans plus tard. Il prévoit déjà que tout ceci n'est qu'un début, que le personnage dans la peau duquel il se glisse pour cet album muera.

Ce qui sera largement confirmé par la suite. Et à cette époque, Marilyn Manson n'a qu'une seule idée en tête : devenir le plus gros groupe de rock du monde. Pour arriver à ses fins, il met dans *Antichrist Superstar* tout ce qu'il a en lui : la haine, la force, l'envie d'être toujours plus fort. Il contrecarre totalement l'esprit *grunge* qui dirige les ventes de disques depuis quelques années. Les Pearl Jam, Nirvana et autres Alice In Chains se posent en anti-*rockstar*, ont un look qui n'en est pas vraiment un (jean sale, cheveux gras, chemise de bûcherons). Le chanteur de *grunge* ne se bat pas, se lamente sur son sort, subit tout. La musique est minimaliste : deux accords de guitare par morceaux, paroles succinctes et répétitives, complaintes personnelles et nombrilisme aigu. Il est temps de rendre au rock ses lettres de noblesse, son glamour et sa subversion. Manson a décidé de s'en charger.

Antichrist Superstar reste l'ultime chef-d'œuvre de Manson, jamais égalé à ce jour. Il sort en octobre 1996 et se hisse très vite à la troisième place du Billboard grâce à l'engouement créé par *Sweet Dreams*. Le clip qui tourne en boucle sur MTV depuis juillet a éveillé les curiosités et ouvert l'appétit des téléspectateurs qui attendent impatiemment l'album. La noirceur de la vidéo annonçait le pire : nous serons servis. Tout dans ce disque est poussé au maximum : les paroles qui forment un ensemble cohérent et étudié, le visuel, sombre et torturé, l'identification à des personnages construits et solides. Pour l'auditeur, l'album est une révélation. Pour beaucoup, il est déclencheur d'un grand choc, d'un changement radical de personnalité. Surtout parce que personne ne s'y attendait.

L'album fut enregistré à la Nouvelle-Orléans, ville lugubre et embrumée, dans des conditions extrêmes : privation de nourriture et de sommeil (concours entre les membres pouvant aller jusqu'à une semaine, d'après les intéressés), consommation excessive de drogues en tous genres (jusqu'à fumer des os humains trouvés à même les rues de la ville), dépravation sexuelle. C'est dans la douleur que Manson accouche de ce qu'il a de plus beau et douloureux, et cet album en est la preuve. A l'époque, ni l'argent ni la gloire ne l'ont encore assagi. Tout ce qu'il exprime est brut, poussé par l'envie de choquer, ou au moins de marquer les esprits. C'est en créant *Antichrist Superstar* que Manson et Twiggy scellent définitivement (ou presque) leur amitié. L'album n'est pas un travail de groupe mais le fruit du duo. Manson débarquait avec ses idées de paroles, des visions qu'il conservait de rêves et de cauchemars, et Twiggy travaillait à partir de ces éléments. Les deux hommes n'avaient pas besoin de parler pendant des heures pour composer un morceau, l'un comprenant l'autre comme un frère, un alter ego. La participation de Madonna est plus réduite mais complémentaire. Il est celui qui va apporter une couche d'encre de Chine, bien noire, sur le son. Manson dira à ce propos : « C'est un disque très orienté clavier, et c'est l'œuvre de Madonna ; tout ce qui est très guitare est le travail de Twiggy ; et ce qui concerne la voix vient de moi. »

Il affirme avoir écrit toutes les paroles à partir de rêves fait parfois plusieurs années plus tôt. Une partie de *Antichrist Superstar* aurait commencé à germer dans sa tête en même temps que *Portrait of an American Family* sortait dans les bacs, c'est-à-dire en 1994. Il décrit superbement ce que va devenir Marilyn Manson dans l'avenir : s'il n'est pour le moment qu'un artiste énervé qui veut faire son trou, il sera bientôt la superstar dont il rêve, mais aussi l'Antechrist. « L'album est une sorte de révélation de ce qui va se passer dans l'avenir, et en même temps, c'est une histoire qui s'est déjà déroulée. C'est une sorte de document qui nous vient du futur, mais qui ne surprend personne puisqu'on sait déjà ce qui va se passer. Comme si l'histoire était déjà écrite », explique Twiggy Ramirez au magazine *RockSound* en 1997. Le premier rêve dans lequel Manson voit apparaître les prémices de l'album est expliqué dans le magazine américain *Rolling Stone* (1997) : « Il y a quelques années, j'ai commencé à faire des rêves et avoir des visions où le monde était détruit et j'étais le dernier survivant [...] Un de ces rêves se déroulait dans le futur, peut-être à Fort Lauderdale (là où il a grandi, *ndr*). Le divertissement avait pris une telle place que les gens étaient devenus des zombies. Et j'ai eu l'étrange vision de ces femmes complètement aliénées, dansant dans des cages, et leurs mâchoires étaient muselées de façon à ce qu'elles ne puissent pas mordre les bites des hommes qui se masturbaient autour d'elles. Ça rappelait *Sodome et Gomorrhe*. J'étais là, mais je ne me souviens plus si je présentais le spectacle ou en faisais partie. C'est probablement la première apparition de ce qui allait devenir l'Antéchrist Superstar. » Le rêve deviendra par la suite la chanson *Little Horn*.

La fin du monde, l'Apocalypse font partie des obsessions enfantines de Manson, nourries par les cours reçus en école religieuse : « Quand j'étais enfant, j'étais terrifié par l'idée de l'Apocalypse, et de l'Antéchrist qui détruiraient le monde. Les peurs qu'imposent le christianisme ont créé Marilyn Manson [...] Je ne veux pas la destruction du monde ou de l'Amérique, je pense plus à une apocalypse de l'esprit, à détruire les vieilles églises. Repartir à zéro d'un point de vue moral, se construire sa propre éthique est beaucoup plus terrifiant que la fin du monde pour le commun des mortels » (*Rage*, 1996).

L'album est divisé en trois cycles : *The Heirophant / Inauguration of the Worm / Disintegrator Rising*. Chaque cycle marque une étape dans la transformation du personnage qu'incarne Manson : le ver devient un ange, l'ange devient l'Antéchrist Superstar. « La transformation du ver est un élément important dans cet album, c'est un stade que nous traversons tous, le passage de la chrysalide à l'être rêvé, l'Ange ou le Démon » (*Rage*, 1996)

1. The Heirophant (celui qui détient le pouvoir et l'autorité pour initier les autres, et qui l'utilise)

Nous n'en sommes qu'à l'introduction du disque, et déjà, le message est clair et précis. Manson s'attaque solidement à sa première cible : l'Amérique dans toute sa bêtise et son étroitesse d'esprit. L'Américain de base aime l'argent, vendrait sa mère, croit en Dieu car il se sent protégé et n'a plus besoin de faire d'effort. *I am so all-american, I could sell you suicide, I am totalitarian I have aborptions in my eyes* (« Je suis si américain que je pourrais vous vendre le suicide / Je suis totalitaire, j'ai l'avortement dans les yeux »). En écrivant *I wasn't born with enough middle fingers / I don't need to choose a side* (« Je ne suis pas né avec assez de majeurs / je n'ai pas besoin de choisir un camp »), il déclare ouvertement la guerre.

Avec *The Beautiful People*, il change de cible et s'attaque à son grand cheval de bataille : la religion, et en particulier le christianisme. D'après lui il s'agit d'une religion mercantile et fausse, proche d'un lavage de cerveau collectif et aveugle on ne peut plus dangereux, d'autant plus aux Etats-Unis où la situation est la plus malsaine : « La peur de la mort est médiatisée aux Etats-Unis car c'est un bon moyen de vous soutirer de l'argent. C'est exactement ce que représente l'Eglise, l'idée que vous pouvez acheter votre entrée au Paradis. Donnez dix pour cent de votre argent à l'Eglise et quand vous mourrez, vous irez dans un endroit meilleur. Si c'est ce que croient les chrétiens, je ne vais pas me plaindre qu'ils meurent tous», explique Manson au *NME* en 2000. Sa vision se calque sur celle de Nietzsche, selon lequel la religion est l'issue des faibles, négatrice de l'humanité, privant les hommes de tout ce qui peut les différencier les uns des autres et en faire des êtres uniques, les déshumanise. Dans la chanson, le message est clair : les faibles du monde sont les croyants. Les *beautiful people* se laissent exploiter et se fondent dans la norme. « Dans *Beautiful People*, je parle de la manipulation du fascisme et de l'image, qui te dit que si tu travailles tu seras un peu plus heureux, un peu plus juste, alors qu'en fait tu rentreras dans le moule que fabrique la mode, les médias et les bien-pensants. »

Le morceau *Tourniquet* est le second pour lequel Manson a expliqué le rêve qui l'a inspiré : « J'ai toujours eu ces rêves où je créais une femme avec des prothèses. Puis je prenais mes propres cheveux et dents que j'avais conservés depuis l'enfance et donnait vie à ce compagnon virtuel. Tout cela d'une manière très rituelle » (*Rolling Stone*, 1997). Cela évoque le mythe de Frankenstein tel qu'écrit par Mary Shelley.

2. Inauguration of the Worm (L'inauguration du ver)

Cette portion du disque marque les étapes de la métamorphose du ver (qui correspond à l'évolution de Brian Warner à Marilyn

Manson puis l'Antéchrist). Pour cela, il devra se libérer de tout ce qui lui pèse, les blessures ou épreuves passées.

Il commence par demander pardon à sa mère pour avoir été un enfant turbulent et incontrôlable. Il profitait de la faiblesse et de l'amour de celle-ci pour prendre le dessus sur elle, motivé par l'absence de son père rarement à la maison. *Each time I make my mother cry an angel dies and falls from Even* (« Chaque fois que je fais pleurer ma mère, un ange meurt et tombe du ciel »). Il admet également qu'il lui faut quitter les jupons et la protection de sa mère pour s'accomplir : *Each time I look outside, my mother dies. I feel my back is changing shape* (« Chaque fois que je regarde dehors ma mère meurt. Je sens que mon dos se transforme »). Son regard vers l'extérieur symbolise l'interdit, ce que l'on ne connaît pas et qui fait peur.

A travers les trois morceaux suivants, on suit la modification du personnage. Dans *Deformography*, il commence à devenir la rock star dans tout ce qu'elle a de sombre et de défendu pour obéir au besoin du public : *I'm such a dirty rock star. I am the one you want and what you want is so unreal* (« Je suis une rock star tellement crade. Je suis celui que tu souhaites, et ce que tu souhaites est si irréel »). Dans *Wormboy*, il réalise qu'il a déjà obtenu ses ailes grâce à son combat contre lui-même. L'Ange qu'il veut devenir, il l'a déjà en lui. *Then I got my wings and I never even knew it. When I was a worm, thought I couldn't get through it* (« Alors j'avais mes ailes et je ne le savais pas. Quand j'étais un ver, je pensais ne jamais y parvenir »). *Mister Superstar* prend la relève de *Deformography*, la rock star qu'il rêvait d'incarner est adulée, adorée. Et il se rend finalement compte que tout cela va trop loin *I know that I can turn you on, I wish I could turn you off. I never wanted this* (« Je sais que je peux t'exciter, j'aimerais pouvoir te dégoûter. Ce n'est pas ça que je voulais »). *Kinderfeld* est le morceau le plus empreint de peur et de douleur du disque. Il revient sur Jack, le grand-père de Manson, celui qui lui ôta toutes ses illusions d'enfant. Il le surprit se masturbant en sous-vêtements de femme, feuilletant des magazines *gay* et zoophiles devant un train électrique en marche. S'il est bien possible que cette histoire sorte tout droit de l'imagination fertile du Révérend, on peut supposer que quelque chose, à un moment de sa jeunesse, l'a fait grandir trop vite. Toujours est-il qu'il explique dans *Rolling Stone* : « J'ai commencé à faire des rêves très impressionnants quand j'étais enfant, à la même période où j'espionnais mon grand-père. Je prenais des photos de femmes nues et découpait leurs organes sexuels. J'avais des rêves très violents où je faisais ça à de vraies femmes. » Les paroles de la chanson sont plutôt évidentes : *When he turns the train he makes it go away [...] Jack : (not spoken) come come, the toys all smell like children [...] I'll have to kneel on broomstick just to make it go away* (« Quand il met le train en route, tout s'en va [...] Jack : (non prononcé) viens, viens, les jouets ont tous l'odeur de l'enfance [...] J'aurais à m'agenouiller sur un manche à balai pour que tout disparaisse »). Par l'image de l'« odeur d'enfance », on peut comprendre que, au contraire, ce choc à faire perdre le goût de tout ce qui touche à l'enfance, les jouets sont souillés. Pour ce qui est du manche à balai, Manson explique dans *The Long Hard Road Out of Hell* à propos de sa grand-mère, la femme de Jack : « D'habitude, si elle nous attrapait à voler de la nourriture, à répondre avec insolence ou à tirer au flanc, elle nous obligeait à nous mettre à genoux sur un manche à balai, dans la cuisine, entre un quart d'heure et une heure. »

3. Disintegrator Rising (L'éveil du désintégrateur)

A partir de maintenant, le ver est devenu un Ange. Et il a choisi de devenir Lucifer, l'Ange déchu, l'Antéchrist. C'est donc tout naturellement que *Antichrist Superstar* ouvre le chapitre.

Manson y prend la parole et s'adresse directement aux croyants, les accusant d'avoir fait de lui ce qu'il est devenu *You built me up with your wishing hell, I didn't have to sell you [...] you do just what they tell you* (« Vous m'avez créé avec votre enfer, je n'ai pas eu besoin de vous vendre [...] vous faites ce qu'ils vous disent de faire »). Ce qui revient à dire qu'il considère que les chrétiens ne réfléchissent pas par eux-mêmes, suivent des directions qui leur sont imposées sans même les comprendre (ou essayer de les comprendre). La chanson se termine avec *Our Antichrist is almost her, it's done* (« Notre Antéchrist est presque là, c'est fait »).

The Reflecting God possède les clés de l'album. En quelques lignes, elle résume toute la pensée de Manson : *I went to God just to see, and I was looking at me* (« Je suis allé vers Dieu juste pour voir, et c'est moi que je regardais »). Dieu n'existe qu'en nous, en le cherchant c'est nous que nous trouverons. Cette phrase est d'autant plus important qu'elle est également la plus ambiguë de toute la carrière du chanteur. Car s'il encourage ses auditeurs à penser par eux-mêmes et à « être leur propre Dieu », il est malgré lui devenu un Dieu à leurs yeux. Plus il va dire à ses auditeurs de regarder en eux pour trouver leur Dieu et leur force, plus ces auditeurs le regardent lui. Toujours dans *The Reflecting God* : *Without the threat of death there's no reason to live at all* (« Sans la menace de la mort, il n'y a plus aucune raison de vivre »). On retrouve ici l'essence du mode de vie du chanteur et du groupe. La vie ne vaut que si on la pousse, si on se provoque soi-même. Lui applique cette idée à travers différentes expériences par les drogues, l'automutilation, la privation de sommeil et de nourriture. Mais aussi en ne subissant pas et n'acceptant pas de mener une « vie normale » au sens religieux du terme. Et s'il faut dépasser les limites pour cela, choquer avec une sexualité déviante, une image malsaine et un discours tendancieux, alors il le fera. Manson ne vit réellement que depuis qu'il est devenu l'Antéchrist. Brian Warner, l'homme qui avait peur de tout et faisait ce qu'on lui disait de faire est définitivement mort, et avec *Antichrist Superstar*, il danse sur son cadavre. L'album se termine avec *Man That You Fear*, ballade langoureuse et triste. « Il y a une fin très positive dans *Man That You Fear*. J'y accepte mes peurs, le fait qu'on ne peut pas tout changer mais qu'au moins on peut essayer » (*Rage*, 1996).

Et Manson de conclure, conscient qu'il vient de réaliser un tour de force avec cet album intelligent, brillant et époustouflant : « Pour moi, c'est le disque définitif de Marilyn Manson. Nous sommes arrivés exactement là où nous espérions aller. »

Chapitre 6

Mechanical Animals

Mechanical Animals

(1998, produit par Michael Beinhorn et Marilyn Manson)

The Great Big White World – The Dope Show – Mechanical Animals – Rock Is Dead – Disassociative – The Speed of Pain – Posthuman – I Want to Disappear – I Don't Like the Drugs (But the Drugs Like Me) – New Model N° 15 – User Friendly – Fundamentally Loathsome – The Last Day on Earth – Coma White

« Ecrire cet album fut comme ressentir quelque chose pour la première fois. » Manson au magazine Select *à propos de* Mechanical Animals.

Il poursuit : « Tous les sentiments y sont poussés à l'extrême, la douleur y est plus extrême et l'amour y est plus extrême , d'où le changement dans la musique, qui est plus dans la tradition explosive de Queen ou Bowie. Certains groupes ont peur de ne pas toujours sonner fort. Pas moi. D'une certaine manière, l'album est plus *mainstream*. Mais je suis plus *mainstream*. Je ne pense pas avoir vendu mon âme au diable – je me suis adapté à ce que je vis. »

Après *Antichrist Superstar*, tout le monde (les médias, les fans) s'attendait à une surenchère de violence et de bruit. La question était de savoir comment Manson allait se débrouiller sans Reznor pour lui concocter un nouveau best-seller. La réponse fut radicale : Manson sort d'un énorme succès (3e au Top 100 US) et n'a pas franchement l'intention de perdre son statut de superstar (ni celui d'Antéchrist, mais ça, ce sera pour plus tard). Mais le disque n'est ni brutal ni ravageur, il est... pop. Le groupe est rebaptisé « Marilyn Manson and The Mechanical Animals », hommage direct au mentor Bowie et son « Ziggy Stardust and The Spiders From Mars ». Quitte à secouer tout le monde, Manson s'est tout simplement offert son disque de rock, son épopée spatiale, une pause dans la violence. Il s'est juste fait plaisir en s'offrant le disque qu'il voulait faire, son propre *Ziggy Stardust.* Il se lâche, se permet des ballades sirupeuses, des hymnes pop dansants et pétillants. On peut penser que si les ventes de *Mechanical Animals* avaient été meilleures, c'est à ce Marilyn Manson mélodique qu'il aurait fallut s'habituer.

Pour l'enregistrer, il a quitté la brume et la tristesse de la Nouvelle-Orléans pour le soleil et les paillettes de Los Angeles. Quelque chose a changé dans la vie de Marilyn Manson. Ou plutôt, plusieurs choses : il a de l'argent, du succès et plus aucune raison de faire la guerre. Les deux-tiers des Etats-Unis le haïssent, l'autre tiers en a fait un dieu vivant. Et surtout, surtout, il est amoureux. Sa petite amie, l'actrice Rose Mc Gowan (*Doom Generation*, *Scream* et plus récemment la série *Charmed*) lui a redonné le goût de la vie, Manson évolue dans un monde doux et cotonneux. Pour les fans de la première heure, ceux qui aiment l'entendre vomir sa haine, ceux qui se sont sentis compris et soutenus dans leur mal-être, ceux qui se tailladent le corps en pensant que c'est bien et qu'ils iront mieux après, la chute est douloureuse. Comment refaire confiance à un démon transformé en Bisounours ? Comment échanger des guêtres poussiéreuses et des porte-jarretelles contre du blush et des combinaisons vert pomme ?

Ce qui est très étonnant, c'est de voir à quel point ce disque est le plus « inspiré » (voire pompé) sur l'influence majeure de Manson (Bowie), mais en même temps le plus intime. Comme s'il devait se cacher derrière un masque, style différent et impersonnel pour être vraiment lui-même.

Mechanical Animals est divisé en deux cycles parfaitement distincts dans le livret :

Cycle 1 : The Dope Show - New Model No.15 - I Want to Disappear - Fundamentally Loathsome - I Don't Like the Drugs (But the Drugs Like Me) - Rock Is Dead - User Friendly

Cycle 2 : The Great Big White World - Posthuman - The Speed of Pain - The Last Day on Earth - Disassociative - Mechanical Animals - Coma White

Cycle 1. Critique de l'hypocrisie du showbiz et des médias.

« Il y a deux formes d'action. Soit te plaindre des choses telles qu'elles sont, vomir sur MTV mais rêver qu'ils prennent ton petit clip ; soit prendre part au jeu et essayer de le modifier de l'intérieur. J'ai opté pour la deuxième solution : faire partie d'un courant *mainstream* pour le transformer d'une manière qui me corresponde davantage et faire passer mon propre discours à une plus large échelle. » (Manson à *RockSound*, 1997)

L'un des tours de force de Manson est de réussir à nous faire avaler que tout ce qu'il fait, c'est uniquement ce qui l'arrange lui. S'il fait son show dans des émissions médiocres, ce n'est pas parce que c'est un vendu mais parce qu'il trouve ça drôle. S'il se montre à des avant-premières de navets américains, ce n'est pas du tout parce qu'il a besoin d'y être vu, mais parce qu'il vient apporter sa touche de glamour macabre pour son propre plaisir. S'il pose avec Courtney Love et Michael Stipe, ce n'est pas parce que c'est son seul moyen d'être dans les tabloïds des salles d'attente chez le dentiste mais parce que ce sont ses « amis » (sauf que lui seul semble être au courant). Alors bien entendu, si Manson joue le jeu des médias, c'est parce qu'ils lui permettent de faire passer son message, pas parce que sans les médias, il n'existe pas. Il se paie donc leur tête allègrement dans cet album, parce qu'il n'a rien à perdre. Le meilleur exemple est *The Dope Show*, satire ouverte du show-business et ses rouages, mais aussi petit clin d'œil aux fans déçus par cet album : *They love you when you are on all the covers, when you're not then they love another* (« Ils t'aiment quand tu es sur toutes les couvertures, quand tu n'y es pas, ils aiment quelqu'un d'autre »). Il s'adresse ici aux fans et à la critique dont il sait par avance qu'ils n'accepteront pas ce changement trop radical de style.

There's lots of pretty ones that want to get you high, but all the pretty ones will leave you low and blow your mind (« Il y a beaucoup de beautés qui veulent te faire atteindre des sommets, mais toutes les beautés te laisseront une fois en bas, et te feront perdre la raison »). Cette fois, c'est aux médias que s'adresse cette phrase. Manson y critique la façon dont on fabrique des stars au pied desquelles tout le monde se pâme, jusqu'à ce qu'elles tombent dans l'oubli. On fait de toi quelqu'un aussi vite qu'on te fait disparaître, et le seul moyen d'exister dans ce monde est de se maintenir dans les médias (« on all the covers »). Et si il est vraiment très bon à ce jeu (si les magazines ne parlent pas de sa musique, il y aura toujours quelque chose à dire : projet cinématographique, nouveau clip provocateur, nouvelle rumeur, nouvelles menaces de mort...), le bonhomme ne cache pas une certaine lassitude, comme il l'exprime dans *I Want to Disappear* : *Yesterday man, I was a nihilist, now today I'm just too fucking bored* (« Hier mec, j'étais un nihiliste, et aujourd'hui, j'en ai juste trop marre »). Il en a tellement assez de tout ça qu'il a parlé à chacune des interviews promotionnelles pour le disque de son projet de film (avorté depuis), comme pour bien faire comprendre que le rock'n'roll, ça va cinq minutes.

La grande nouveauté de *Mechanical Animals* en terme de paroles est le ton : Manson est on ne peut plus ironique, voire même (attention...) comique. En témoigne l'ahurissante *I Don't Like the Drugs (But the Drugs Like Me)* et son clip warholien totalement décalé. Manson y dépeint la sacro-sainte « normalité » dans tout ce qu'elle a de pathétique : *Norm life baby : We're white and oh so hetero and our sex is missionnary (...) We're quitters and we're sober, our confessions will be televised* (« La vie normale bébé : nous sommes blancs et tellement hétéros et notre sexe est missionnaire [petit jeu de mot à la Manson pour la position du missionnaire] / Nous sommes des lâches et nous sommes sobres, nos confessions seront télévisées »). Voilà dépeint le portrait de l'Américain-type aux yeux de Manson, un mouton abruti par la télé, et plein de principes stupides (couleur de peau, sexualité bien rangée). La métaphore de la drogue dans cette chanson peut être interprétée de plusieurs façons. Au premier degré, on peut tout simplement voir la drogue comme une échappatoire à la normalité et l'apathie d'un peuple qui calcule ses mouvements et collecte ses bons points.

Mais avec cette phrase : *You and I are underdosed and we're ready to fall, raised to be stupid, taught to be nothing at all* (« Vous et moi sommes sous-dosés et nous sommes proches de la chute, élevés pour être stupide et éduqués pour n'être rien »), il se lance dans un autre débat. Dès l'enfance, on nous apprend à se taire, à faire ce qu'on nous dit, à être sage et surtout, à ressembler à celui d'à côté, qui ressemble d'ailleurs à celui d'en face. L'homme a perdu sa personnalité parce qu'il en devient inoffensif. Idée reprise dans la même chanson avec *I'm just a sample of a soul made to look like just a human being* (« Je ne suis qu'un échantillon d'âme créé pour ressembler à un être humain ») et dans *Rock Is Dead* : *Sampled and soulless, worldwide and webbed, you sell all the living for more safer death* (« Echantilloné et sans âme, mondial et internetisé, vous vendez la vie pour une mort plus sûre »). Notre âme et notre esprit sont ce qui fait de nous des êtres humains, tous différents et uniques. L'esprit ne doit pas être contrôlé. Manson se rapproche ici du *1984* de George Orwell.

Ce premier cycle se clôt avec *User Friendly* où Manson devient un objet sexuel *She says, « I'm not in love but I'm gonna fuck you until somebody better comes along »* (« Je ne suis pas amoureuse mais je te baiserai jusqu'à ce que quelqu'un de mieux arrive ») / *Use me when you want to come, I've bled just to have your touch, when I'm in you I want to die* (« Utilise-moi quand tu voudras jouir, j'ai souffert pour t'avoir, quand je suis en toi, je veux mourir »). Le sexe et l'amour sont des sujets qui ne se sont encore jamais rencontrés chez Manson. Normal : il n'avait pas encore rencontré la femme de ses rêves. Cette fois, c'est chose faite, bienvenue dans le cycle 2.

Cycle 2. L'amour, la fragilité, la mort.

Si l'on veut pousser le décryptage des symboles, on peut rapprocher le personnage de la pochette de *Mechanical Animals* et la naissance des sentiments dans la musique du groupe. En tous cas les sentiments autres que la haine, la colère et le dégoût. Manson y apparaît nu, ni homme, ni femme, ni même humain, corps androgyno-androïde, regard calme. Son corps se confond avec celui de la femme qu'il aime. Il n'est plus lui-même et abandonne tout ce qu'il était pour repartir à zéro, avec elle. Dans cette partie de l'album, Manson n'est plus sûr de lui, ni de rien. Son seul soutien (c'est une métaphore, bien sûr) est de se perdre dans la drogue. De ce fait, la chanson qui ouvre le disque et le chapitre, *The Great Big White World*, y est entièrement consacrée. Elle sonne comme le monologue d'une personne proche du délire et paranoïaque : *And I dreamed I was a spaceman, burned like a moth in a flame, and our world was so fucking gone* (« Et j'ai rêvé que j'étais un homme de l'espace, brûlé comme un papillon de nuit dans une flamme, et notre monde avait disparu »), deux états que connaissent bien les junkies. Dans *Coma White*, Manson pousse l'utilisation de la drogue à l'overdose : le *coma white* est le stade du coma le plus proche de la mort.

Il revient également sur l'idée de la perte de personnalité, la poussant au point où l'homme est devenu un robot, un être sans âme mécanisé, un Mechanical Animal : *We were neurophobic and perfect the day that we lost our souls, maybe we weren't so human* (« Nous étions neurophobes et parfaits le jour où nous avons perdu notre âme, peut-être n'étions-nous pas si humains »). Au magazine *Hard N'Heavy*, il explique : « Si l'on devait résumer *Mechanical Animals* à une seule « humeur », cela tiendrait plus en un manque d'espoir pour le futur [...] Nous devenons de plus en plus... irrationnels avec ce que nous créons ou inventons. Nos téléphones portables vont finir par dialoguer entre eux sans avoir besoin de nous, les ordinateurs gérer nos propres pensées. » Dans la première partie de la citation, on peut apercevoir l'esprit visionnaire de Manson qui, sans le savoir, prédit son propre avenir musical. Car si *Mechanical Animals* est en quelque sorte l'album de ses rêves, il sait d'avance qu'il n'y a pas de futur dans cette teinte musicale pour lui. C'est la première et dernière fois qu'il peut se reposer. Il sait qu'il ne parviendra pas à imposer un bouleversement si radical aux fans qui non seulement se sont habitués, mais surtout désirent une musique violente et un message lourd et revendicateur.

Dans la chanson *Mechanical Animals*, on retrouve bien cette idée : *I'm just a boy playing the suicide king* (« Je ne suis qu'un garçon qui joue au roi du suicide ») : ce disque est le suicide planifié du chanteur-compositeur-artiste qu'il aurait aimé être.

The Last Day on Earth est son ultime déclaration d'amour à Rose Mc Gowan. A travers elle, on comprend que sa peur du monde et son manque de confiance en l'autre le poussent à considérer la mort comme le seul moyen de ne pas perdre ce qui lui est cher. *I know it's the last day on earth, we'll be together when the planet dies, we'll never say goodbye* (« Je sais que c'est le dernier jour sur terre, nous serons ensemble lorsque les planètes mourront, nous ne nous dirons jamais au revoir »). Avec une autre lecture, on peut considérer cette chanson comme un adieu au monde de haine dans lequel il vit depuis le début de sa carrière. La légèreté (relative) du disque et la douceur presque tendre du morceau peuvent signifier qu'il accepte de baisser les armes, de laisser mourir l'Antéchrist pour devenir un autre, capable d'être heureux. *The Last Day on Earth* serait alors synonyme de renaissance. Manson s'est d'ailleurs rebaptisé « Omega » pour cet album, surnom faisant appel aux derniers versets de l'Apocalypse : « Je serais l'Alpha et l'Omega / Le premier et le dernier / Le principe et la fin. » La fin d'un cycle, et le début d'un autre.

Malgré les ventes décevantes de l'album, il est un énorme succès pour son auteur : « L'album fut un réel succès pour moi, car je ne le mesure pas aux ventes mais à la réaction des gens. Je ne suis pas une commodité, je ne suis pas un artiste commercial », explique t-il au magazine *Q. Mechanical Animals* permet au groupe de s'ouvrir à un public plus large. A tel point que *Rock Is Dead* fut choisi comme *single* de la bande originale de *The Matrix*, gros *blockbuster* américain.

Le livret a ses petits secrets. Les messages en jaune pourront être déchiffrés en positionnant le boîtier bleu dessus (jaune + bleu = vert). Les voici :

I no longer knew if coma white was real or just a side effect (« Je ne savais plus si le *coma white* était réel ou juste un effet secondaire »).

Now children it's time for recess. Please roll up your sleeves (« A présent les enfants, c'est l'heure de la récession. Veuillez retrousser vos manches »).

Even machines can see that we are dead (« Même les machines peuvent voir que nous sommes morts »).

In the end, I became them and I led them. After all none of us really qualified as humans. We were hardwon automatic and as hollow as the « o » in « God ». I reattached my emotions cellular and narcotic. From the top of hollywood it looked like space. Millions of capsules and mechanical animals. A city filled with dead stars and a girl called coma white. This was my Omega (Au final, je devins eux et les dirigeai. Après tout, aucun d'entre nous n'était vraiment humain. Nous étions totalement automatique et aussi vide que le « o » de « God ». J'ai repris mes cellules et drogues émotionnelles. Des hauteurs de Hollywood, cela ressemblait à l'espace. Des millions de capsules et d'animaux mécaniques. Une ville pleine d'étoiles mortes et une fille nommée Coma White. C'était mon Oméga »).

Chapitre 7

Holy Wood

Holy Wood (In the Shadow of the Valley of Death)

(2000, produit par D.Sendy et Marilyn Manson)

Goteatgod – The Love Song – The Fight Song – Disposable Teens – Target Audience – President Dead – In the Shadow of the Valley of Death – Cruci-fiction in Space – A Place in the Dirt – The Nobodies – The Death Song – Lamb of God – Born Again – Burning Flag – Coma Black – Valentine's Day – The Fall of Adam – King Kill 33° – Count to Six and Die

« J'avais le choix entre être puni un peu plus ou donner une leçon à tous ceux qui ont voulu déconner avec moi. Avec Holy Wood, *je reviens en fanfare et je pense que c'est ce que les gens voulaient entendre. Il était temps de remettre le compteur en route et de rappeler au monde qui est le meilleur à ce jeu. »* Kerrang !, *2000*

Avant de se mettre à la composition de *Holy Wood*, Manson est entre deux feux. S'il s'est fait plaisir et autorisé un peu de relâchement avec *Mechanical Animals*, il est parfaitement conscient que ce changement de ton n'est pas au goût de tout le monde. Les fans veulent de l'outrage, du sang, les médias ont besoin de nouveaux titres choc. Mais revenir soudainement au style de *Antichrist Superstar* aurait été perçu comme un double retournement de veste difficile à avaler. En cela, les événements macabres de Littleton sont une véritable aubaine. Ils lui offrent la possibilité de repartir dans quelque chose de plus violent, de se replacer en position de colère et de vengeance. Manson cristallise la haine reçue et la haine ressentie pour offrir un album sombre et poussiéreux.

Malheureusement, et si il y a un énorme travail sur les paroles et le visuel, le choix des *singles* tuera l'album. *Disposable Teens* et *The Fight Song* sont loin d'être les meilleurs morceaux de l'album et se complaisent dans un format *metal* de base qui ne rend pas hommage au génie du groupe. Pour les fans de la première heure, Manson n'est définitivement plus le provocateur original des débuts. Après avoir écrit un album pop pour élargir son champ de parole, voilà qu'il fait un disque *metal* pour rassurer son public de la première heure et se racheter une conduite. La pochette relativement subversive choque les Américains, elle est censurée. Les ventes ne seront pas à la hauteur des espérances.

Si contrairement aux deux opus précédents le disque n'est pas clairement coupé en plusieurs cycles, nous pouvons le diviser en quatre grands chapitres :

« In the Shadow » qui correspondrait au « Eux » (Manson y parle du monde extérieur et de tout ce qui n'est ni son groupe, ni son public) / « The Androgyne » qui correspond au « Nous » (il se rapproche de ses fans et se met au même niveau qu'eux) / « Of Red Earth » qui correspond au « Vous » (chapitre consacré aux fans) / « The Fallen » qui correspond au « Moi » (il parle ici de lui)

Après s'être fait appeler l'Antéchrist, le Révérend et Omega, Manson adopte deux nouvelles identités qui sont Mercure et Adam. Mercure est le dieu romain du commerce et du transport, l'alter ego de Hermès chez les Grecs. Il servait de messager entre les hommes et les dieux. Il se pose donc ici en porte-parole de la jeunesse. Post Columbine, Manson comprend vite que ses seuls vrais alliés sont ses fans. « Après avoir été attaqué si violemment, au point où je pensais que plus personne n'était à mes côtés, seuls les fans m'ont soutenu [...] Je ne dis pas cela dans le but de les flatter pour qu'ils achètent mes disques et mes tee-shirts. Je suis réellement reconnaissant qu'ils me soutiennent. J'ai vraiment l'impression que nous faisons partie de la même équipe » (*Hard N'Heavy*, 2000) Avec ce disque, il tente parfois maladroitement de s'en rapprocher le plus possible, descendant quelques instants de son trône. Le premier *single*, *Disposable Teens*, en est un excellent exemple : plutôt que d'utiliser le « je » comme toujours, il se lance dans un « we're disposable teens » (« Nous sommes l'adolescence à disposition ») dans laquelle il appelle à la révolution de la jeunesse. Il se met à leurs côtés pour défier ce qu'on pourrait appeler le « monde adulte » (autorités, parents) *The more that you fear us, the bigger we get, and don't be surprised if we destroy all of it* (« Plus vous avez peur de nous, plus nous sommes forts. Et ne soyez pas surpris que nous détruisions tout »). Dans *Target Audience*, il montre à son public de quelle manière il est considéré par ce même « monde » : *I see all the young believers, target audience. I see all the old deceivers, and we all just sing this song* (« Je vois tous les jeunes croyants, l'audience-cible. Je vois tous les vieux décideurs et nous chantons tous cette chanson »). Les jeunes sont ceux pour qui tout est décidé d'avance, décrété et imposé. Ils sont juste bons à écouter leurs aînés. Mais si Manson se range ouvertement du côté de ses adorateurs, il souhaite conserver sa place de leader, comme on peut le lire dans *In the Shadow of the Valley of Death* : *And I wish that I could be the king, then I'd know I'm not alone. Maggots put on shirts* (« Et j'aimerais pouvoir être le roi, alors je saurais que je ne suis pas seul. Les vers mettent des tee-shirts »). A première vue, tout ça n'est pas très clair. Pourtant, si l'on se remet dans la position où il était avant la sortie de l'album et alors que tout le monde le montrait du doigt, le tenait pour responsable de la mort d'une dizaine d'adolescents, on se rend vite compte de l'état de solitude dans lequel il s'est retrouvé. Dans ce cas, il n'y a plus d'idole, il n'y a plus de *rock star* ou de God of Fuck : c'est Brian Warner, seul contre tous. La seule porte de sortie pour lui était de redevenir fort, de remonter sur son trône, de réentendre les cris d'amour de millions de fans, de retrouver son courage. Cela passe par la musique : fans, remettez vos tee-shirts, provoquez le monde, montrez qui est le plus fort et nous gagnerons, et je redeviendrai roi. Il réunit son armée une dernière fois (précisons que « Maggots » est aussi le surnom donné par Slipknot à ses fans).

Pour boucler le cauchemar Littleton, Manson écrit *The Nobodies* où il se glisse dans la peau des deux adolescents meurtriers : *We're the nobodies, we wanna be somebodies. When we're dead, they'll know just who we are* (« Nous ne sommes personne, nous voulons être quelqu'un. Quand nous serons morts, ils seront qui nous sommes »). Paradoxalement, il offre à Dylan et Eric avec cette chanson une part de ce qu'ils demandaient : exister et être célèbres. « Ces deux gamins ont été en couverture du *Time Magazine* deux fois, je suis certain que c'est exactement ce qu'ils voulaient. Ils voulaient la célébrité », explique-t-il au *NME*. Lorsqu'on relit les phrases écrites par l'un des adolescents dans son journal la veille des meurtres (voir chapitre 13), certaines lignes de la chanson prennent tout leur sens : *Today I'm dirty and I want to be pretty, tomorrow I know I'm just dirt* (« Aujourd'hui je suis sale et je voudrais être beau, demain je sais que je serai dégueulasse »). Ils se sentaient rejetés pour leur différence, ne parvenaient pas à s'adapter à la masse et à être « pretty » (on revient sur l'idée décrite dans *The Beautiful People* sur *Antichrist Superstar*, voir chapitre 5). Le lendemain (jour de la tuerie), ils seraient dégueulasses, mais ils seraient eux-mêmes. Et l'on se souviendra d'eux tels qu'ils étaient vraiment. Dans *King Kill 33°*, Manson mêle sa voix à celle des deux gamins. *Is this what you wanted ? This is what you get. Turned all your lives into shit. You never accepted or treated me fair. Blame me for what I believe and I wear* (« C'est ce que vous vouliez ? C'est ce que vous récoltez. Vos vies sont devenues merdiques. Vous ne m'avez jamais accepté ou traité avec égard. Vous m'avez blâmé pour ce en quoi je crois et ce que je porte »). On retrouve Dylan et Eric, mal dans leur peau, repoussés et critiqués à cause de leurs idées et de leur look. Mais aussi Manson, toujours plus haï, toujours plus craint, accusé de tous les maux. *You never gave me a chance to be me. Or even a fucking chance just to be* (« Vous ne m'avez jamais laissé une chance d'être moi-même. Ou même juste une putain de chance d'exister »). La conclusion est très claire : *I am not sorry, this is what you deserve* (« Je ne suis pas désolé, c'est ce que vous méritez »).

Dans cette tentative de rapprochement avec ses fans, Manson leur lance malgré tout une petite pique bien camouflée. S'il comprend le bouleversement qu'a causé sa métamorphose sur *Mechanical Animals*, il a du mal à avaler de ne pas être accepté tel qu'il voulait être. Dans *Born Again*, on peut lire : *Do you or don't you want this to be your song ? It doesn't take a rebel to sing along. This art is weak, it's pretty pretty frame. I'll put down your disco and take your heart away* (« Voulez-vous ou ne voulez-vous pas que cette chanson soit la vôtre ? Pas besoin d'être un rebelle pour chanter en chœur. Cet art est faible. J'éteindrai ton disco et t'arracherai le cœur »). Il demande ironiquement s'il sera mieux accepté avec cette chanson, si cette fois elle fait plus rebelle ou plus violente, en référence à la légèreté qui lui fut reprochée avec *Mechanical Animals.* Avec la dernière phrase, on sent qu'il fut blessé de ne pas voir son nouveau son bien accueilli (« Put down your disco ») et utilise le mot « disco » comme pour se moquer du manque de culture musicale de ses fans (une manière de dire : « N'avez vous jamais écouté David Bowie ? »). Plus loin, il s'enfonce un peu plus dans la moquerie : *Do you or don't you want to take this shit. Does it make you feel like you're part of it ?* (« Voulez-vous ou ne voulez-vous pas de cette merde ? Vous sentez-vous plus concerné ? »). Comme s'il nous disait : « C'est de la merde que vous voulez ? La voilà. Vous voulez des paroles qui vous ressemble ? Les voilà ». Le refrain enfonce le clou : *I'm someone else, I'm someone new, I'm someone stupid just like you* (« Je suis quelqu'un d'autre, je suis une nouvelle personne, je suis stupide juste comme vous »).

Outre Mercure, le second personnage dont il est question est Adam. L'album est inspiré en partie par le thème de la (re)naissance (de l'homme, du monde) comme nous l'expliquerons plus bas. Adam est, selon la Bible, le premier homme créé et aussi le premier à avoir été rejeté par Dieu et envoyé hors du paradis terrestre, donc en enfer. Même schéma donc que pour Lucifer (l'Ange déchu) auquel Manson s'identifie énormément dans *Antichrist Superstar*, d'où le titre du dernier chapitre de cet album [The Fallen] (le déchu / M = Manson = Mercure).

L'album retrace l'élévation et la chute physique d'un homme nommé Adam Jadman (nom hébreu du 1er homme) à qui est donnée la pomme du savoir avec l'interdiction formelle d'y goûter. Avec l'intelligence et la force de sa pensée, l'homme pense pouvoir créer la révolution. Mais celle-ci est vite récupérée et devient un produit commercial comme un autre, perdant toute sa puissance. Il faut donc la détruire. L'homme réalise que pour cela, il lui faudra se détruire lui-même. A travers cette métaphore, Manson clôt la trilogie qu'il avait débutée, quatre ans auparavant avec *Antichrist Superstar* puis *Mechanical Animals*. « *Antichrist Superstar* était basé sur les rêves. Je rêvais de me voir dans la position de quelqu'un qui avait beaucoup de pouvoir et qui était menacé d'être détruit par ce pouvoir. Quand j'écrivais cet album, j'étais très loin de cette situation. J'ai senti que d'un point de vue personnel et lyrique, cette histoire n'était pas finie pour moi. Il fallait que je me mette dans des situations extrêmes pour y arriver, que je repousse mes limites pour voir ce qui allait se passer. Musicalement, je trouvais intéressant de développer l'histoire sur trois disques. Je ne savais pas si je pourrais y arriver mais j'ai tenté de persévérer avec *Mechanical Animals*. Fin 1999, quand les médias m'ont attaqué à travers Columbine et le reste, j'ai atteint ce sommet dont j'avais rêvé à l'époque de *Antichrist Superstar*. Je devais donc détruire ce que j'étais devenu et renaître de mes cendres en créant *Holy Wood*. *Holy Wood* est devenu la fin de ma création, et en même temps, le début de l'histoire », explique-t-il dans *Hard N'Heavy*. Il poursuit : « Cette histoire est celle de quelqu'un qui grandit et essaie de s'intégrer dans un monde qui le rejette (comme Dylan Harris et Eric Keybold, *ndr*). Cela crée en lui une amertume qu'il transforme en révolution. Ce que je voulais dire avec *Mechanical Animals*, c'est que certaines personnes voulaient tourner tous mes idéaux en un produit. Comme je les ai vues venir, cet album fut un commentaire sarcastique qui leur était destiné. »

Si l'on ne trouve pas de références littéraires ou philosophiques dans *Holy Wood*, Manson y fait allusion à plusieurs personnages : John F. Kennedy, John Lennon, Jésus Christ. Il les réunit tous les trois dans *Lamb of God* : *There was Jesus in the metal shell, there was blood on the pavement. The camera will make you god, that's how Jack became sainted [...] There was Lennon in the happy gun, there were words on the pavement. We were looking for the Lamb of God, we were looking for Mark David* (« Il y avait Jésus dans un coquillage de métal, il y avait du sang sur le trottoir. La caméra fera de vous une star, c'est comme ça que Jacky est devenue une sainte [...] Il y avait Lennon dans un flingue joyeux, il y avait des mots sur le trottoir. Nous cherchions l'agneau de Dieu, nous cherchions Mark David »). Plusieurs métaphores sont à relever dans ces phrases. Tout d'abord, le parallèle entre Jésus et Kennedy dont on voit les deux morts se mélanger. Jésus est dans un coquillage de métal, image de la voiture dans laquelle fut assassiné Kennedy. Ensuite, Manson parle de déification par les caméras : cela fait maintenant plus de quarante ans que la vidéo du meurtre de JFK tourne sur les écrans du monde entier. Ensuite, la Jacky dont il est question est bien évidemment Jacky Kennedy. Nous passons ensuite à Lennon : « in a happy gun » est un clin d'œil à la chanson écrite par l'ex-Beatles *Hapiness Is a Warm Gun*. Mark David, le « Lamb of God » de la chanson est l'assassin de Lennon. Il se disait avoir été choisi, élu pour l'éliminer, et voyait des messages subliminaux partout.

Manson considère que Kennedy et Lennon étaient au même niveau que Dieu, eu égard à l'attention et à l'amour que leur portent les Américains faisant d'eux des idoles sacrées. Ils furent crucifiés publiquement, devenant des martyres. A travers *Holy Wood*, il se pose comme un de leurs semblables. Il déclare dans *Hard N'Heavy* (2000) : « Je crois que ce serait un peu trop glorifiant et prétentieux de ma part de me mettre au même rang que le Christ, Kennedy ou Lennon. Mais j'ai trouvé des parallèles entre leurs vies et la mienne. J'ai essayé d'apprendre de leurs erreurs et de ce qu'ils ont essayé de faire. Si l'on considère *Holy Wood* en tant que tel, sans prendre en compte les deux disques précédents, le propos est assez simple. Il s'agit de prendre conscience du fait qu'on ne peut pas changer le monde, seulement se changer soi-même. Je pense que c'est ce que le Christ, Kennedy et Lennon ont compris à travers leur mort respective. Je suis parti de là pour tenter de mettre un frein à l'évolution de l'homme. Parce qu'il est dans sa nature d'être violent et de tuer le roi. J'essaie simplement d'échapper à ce processus. »

Il considère par ailleurs que *Holy Wood* est à la carrière du groupe ce que le *White Album* fut à celle de Beatles. « C'est en quelque sorte notre *White Album* en ce sens qu'il est très expérimental. Je joue beaucoup de clavier, nous avons mélangé des sons, écrit dans le désert [...] Le *White Album* contenait beaucoup de messages subversifs. Certains étaient volontaires et d'autres ont été mal compris par Charles Manson. A ma connaissance, c'est le premier disque de rock qui fut blâmé et relié à de la violence. Quand vous avez les mots Helter Skelter écrit en lettres de sang sur un mur, c'est un peu plus condamnable que tout ce dont j'ai été accusé. » (*NME*, 2000)

Un autre rapprochement entre Kennedy et Jésus Christ est fait dans *King Kill 33°*. Trente-trois étant l'âge du Christ à sa mort, et Kennedy étant le trente-troisième président américain.

Dans l'album, il réécrit en quelque sorte l'histoire de Jésus Christ comme si ce dernier avait en fait été la première vraie *rock star* (d'où la pochette) : « Je suis remonté jusqu'au commencement et ai essayé de raconter l'histoire du Christ d'une autre façon, en disant qu'il a été la toute première célébrité et que toute l'industrie du divertissement repose sur la religion. Jésus a été le premier homme célèbre à être exploité, vendu comme un produit et mort pour ses opinions dangereuses. »

La mort est une notion omniprésente dans le disque. Pendant l'écriture de l'album, Manson se sentait menacé au point de dire dans *Alternative Press* : « La mort attendait à ma porte, je pouvais la sentir. » Cette menace se sent en particulier dans *Burning Flag* : *You can point a gun at me* (« Vous pouvez pointer un revolver sur moi »), comme s'il provoquait cette violence. Le suicide plus que la mort ressort comme dans *Count to Six and Die*, qui clôture l'album, dernier souffle chanté à demi-mot, comme une conclusion inévitable où le personnage prend la fragilité d'une fille, le canon dans la bouche, prête à tirer. Le nombre six étant le nombre de balles que l'on peux mettre dans un revolver, la chanson se finit en roulette russe, sur cinq coups tirés. Car Manson n'a pas prévu de mourir mais de se reconstruire : « Il ne s'agit pas tant de se suicider que de tuer tout ce que tu représentes. On peut considérer cela comme une tragédie ou comme un espoir. Dans le sens où il y a une renaissance, une résurrection et toujours la possibilité de se muer en quelqu'un de nouveau. »

Dans son souci permanent du détail et de la fioriture, Manson a intégré des cartes de tarot détournées dans le livret du disque. En voici une explication succincte :

I. Le Bateleur / Magician

Cet Arcane symbolise le principe actif, le soleil. Il représente le novice au commencement de son expérience. Bien qu'il dispose de tous les atouts de réussite, il agit parfois sans réfléchir, ce qui lui cause des problèmes. Le bâton qu'il tient représente le travail. Sa position debout, jambes écartées décrit la forme de la lettre A (Alpha). Il est invincible. Il est donc limpide que Manson utilise l'image de ce magicien pour se représenter, tous les traits de son caractère ressortent parfaitement. Le bâton du travail devient une croix avec Jésus Christ entouré d'un serpent (symbole du mal), son plus grand cheval de bataille.

II. La Papesse / High Priestess

A l'opposé du bateleur (Arcane), la Papesse est l'élément passif. Elle incarne l'imagination, l'intuition, l'inconscient. Les deux colonnes l'entourant représentent l'Homme et la Femme. Elle est la parole créatrice, la pensée qui engendre l'idée. Ici, c'est la personnalité équilibrante de Twiggy que l'on perçoit. Son rôle central et complémentaire dans le groupe est très bien mis en valeur par le choix de cette arcane.

IV. L'Empereur / Emperor

Cette carte représente l'aspect masculin de notre nature. L'Empereur est l'archétype de la puissance masculine et de la volonté : il symbolise la maîtrise des forces matérielles et spirituelles, la domination et la réussite. Il est assis sur un cube représentant le monde matériel. Ici, le maître du monde est un soldat américain au corps détruit, dénaturé au nom de son pays, posant fièrement devant un drapeau américain, l'arme à la main. Manson se moque du patriotisme et de l'obsession américaine pour les armes à feux.

V. Le Pape / Heirophant

Le Pape, parfois appelé le Maître des Arcanes ou le Hiérophante, est également une manifestation de l'énergie masculine, de la sagesse. Il doit indiquer leur chemin aux adeptes en les aidant à comprendre les mystères divins. Il concilie en lui les deux aspects complémentaires de la spiritualité : masculine et féminine. Sa tête est coiffée d'une tiare à trois couronnes. Manson détourne l'image et la rend maléfique, la couronne a disparu.

XIII. Sans nom / Death

Seul Arcane majeur ne portant pas de nom, la lame XIII représente la mort non comme une fin, mais comme le passage à un autre cycle de l'existence, la traversée de la terre noire qui sépare le monde matériel du monde spirituel. Il symbolise, de part la déchirure des corps, la libération des liens charnels et l'accession au règne de l'esprit. On y retrouve parfaitement l'idée de Manson de détruire ce qu'il a accompli pour renaître. Son image dans la carte « Death » est celle d'un homme diminué, brisé, mais son regard noir, sa posture fière malgré tout montrent un homme fort, la mort enfermée et posée sur l'épaule (représentée par un corbeau), prêt à tout, invincible.

0. Le Fou / Fool

Dans le tarot, le Fou symbolise la partie de nous-mêmes qui est à la fois assez innocente pour s'émerveiller du mystère de la création et assez audacieuse pour en entreprendre l'exploration. Quel que soit l'endroit où on se place, il tourne toujours le dos au monde extérieur pour se lancer à la découverte de l'inconnu. Il nous rappelle que l'homme vivant dans un monde d'illusions et ne cherchant pas la spiritualité gâche son existence. Manson l'adapte totalement à son idée, John 5 y devient le porteur du mythe de Kennedy, costard-cravate et lunettes noires de VRP, l'affiche de campagne du défunt président pendant au bout d'un fusil, Jacky Kennedy dans son éternel tailleur rose en image de fond, sourire aux lèvres.

Chapitre 8

The Golden Age of Grotesque

The Golden Age of Grotesque

(2003, produit par Marilyn Manson et Tim Skold)

Theater – This Is the New Shit – Mobscene – Doll-Dagga Buzz-Buzz Ziggety-Zag – Use Your Fist and NotYour Mouth – The Golden Age of Grotesque – (s)AINT – Ka-Boom Ka-Boom – Slutgarden – Spade – Para Noir – The Bright Young Things – Better of Two Evils – Vodevil – Obsequey (The Death of Art) – Tainted Love

« The Golden Age of Grotesque *est un manifeste de mon futur, une nouvelle ère d'expression. » (*Total ADdict, *2003)*

Si l'on a compris le schéma trilogique que formaient *Antichrist Superstar*, *Mechanical Animals* et *Holy Wood*, on sait qu'il faut cette fois s'attendre à tout sauf à du Manson.

Il a dit ce qu'il avait à dire, écoulé les sujets qui fâchent, réglé ses comptes avec ses détracteurs. L'Antéchrist et les autres sont morts, et avec eux, l'ère de la haine et du venin.

Manson est un autre homme. *The Golden Age of Grotesque* est l'album de l'avenir, celui grâce auquel il ne regardera plus en arrière. L'âge du grotesque est l'âge d'or de Manson, et celui d'une ultime renaissance. Pour éviter toute influence et toute censure, le groupe n'a pas fait écouter les bandes à Universal avant que le disque ne soit totalement bouclé. Le résultat est un album sincère, humain et, pour une fois, facilement abordable. « Après avoir terminé les deux précédents, je me suis rendu compte que les choses avaient mal tourné, que ça avait été trop destructeur, qu'il y avait eu trop de critiques. Il fallait tourner la page. Et après avoir détruit quelque chose, il a fallu tout reconstruire », raconte Manson dans *Rock Mag* (2003). Manson nous accueille dans son disque comme dans un cirque ou un théâtre en clôturant le premier morceau, *This Is The New Shit*, par ces mots : *Let us entertain you* (« Laissez-nous vous divertir »).

Le départ de Twiggy Ramirez et l'arrivée de Tim Skold auraient pu « gâcher » la naissance d'un nouvel album. Ramirez était celui qui composait le plus, le second visage du groupe. Tim Skold sortait de nulle part pour la plupart des fans et avait un passé *glam-electro* pas vraiment rassurant. Et pourtant, dès la première écoute de *The Golden Age of Grotesque*, on sent que Marilyn Manson est redevenu un vrai groupe où chacun trouve sa place. John 5 peut se laisser aller à la guitare et s'offre quelques solos, Madonna a son heure de gloire sur certains morceaux où il est autorisé à jouer plus de quatre notes, Ginger se fait plaisir à la batterie. « Je crois que Marilyn Manson en tant que groupe est aujourd'hui à son meilleur niveau ! Je ne sais pas si ça vient du fait que Twiggy ne soit plus là ou pas [...] Je crois que ça vient du fait que je suis entouré par les bonnes personnes [...] La qualité de l'album montre bien la complicité qu'il y a au sein du groupe et à quel point cet album est important pour nous » (*Rock Mag*, 2003). D'autant plus important que c'est Manson lui-même qui s'est occupé de la production, offrant à Tim Skold l'honneur de le seconder. Ce qui prouve bien la confiance qu'il lui porte : aucun membre du groupe n'a jamais eu le droit d'exister au-delà de ses fonctions.

Sous l'influence de Dita Von Teese, sa nouvelle muse, Manson s'est ouvert à un nouveau monde où l'art est un mode de vie. Pas un déguisement ou un passe-temps. Il découvre une nouvelle culture très européenne dans laquelle il a largement plus sa place qu'au milieu des supermarchés américains. Il découvre le Berlin des années 30, le vaudeville, le cabaret, retombe dans le Oscar Wilde. Marilyn Manson est un homme raffiné et cultivé qui construit son monde en sélectionnant ce qui l'entoure. Décalé avec son époque, avec le milieu musical dans lequel il évolue, avec la pauvreté de l'esprit humain, il décide cette fois de n'être personne d'autre que lui-même.

Les premiers mots prononcés sur le disque nous placent dans le contexte. *Everything has been said before, there's nothing left to say anymore* (« Tout a déjà été dit, il n'y a plus rien à dire »), scande Manson dans *This Is the New Shit.* Dans la continuité du mouvement dadaïste, il se place dans un contexte où plus rien ne peut être inventé. Il n'y a donc plus de base pour l'art, de règles ou de ligne à suivre. Tout est possible.

C'est un retour à la pureté et à l'innocence, la liberté de l'esprit qui est très chère au chanteur depuis le tout début de sa carrière. Le syndrome Peter Pan l'habite depuis toujours, symbole d'un refus évident de grandir mais aussi d'un besoin de croire que tout peut encore être pur. D'après lui, les enfants sont les seuls êtres honnêtes et spontanés, leur regard sur le monde n'est pas encore entaché par les médias, films, spots publicitaires qu'on leur fera avaler quand ils auront grandi. Et c'est en regardant le monde comme un enfant que Manson parvient à créer. L'artiste ne peut pas être un adulte. « Les enfants ne sont pas stupides, en fait je pense qu'ils sont plus intelligents que les adultes car ils voient les choses telles qu'elles sont, sans le poids de tout ce à quoi il faut faire attention à l'âge adulte. Ce n'est pas de l'innocence, le mot est mal choisi, c'est de l'honnêteté [...] *Peter Pan* est l'une de mes histoires favorites. Il ne s'agit pas de vivre pour toujours, mais de vivre ainsi aussi longtemps que possible », explique-t-il à *Q* (2003). « Cet album a le comportement d'un gamin parce qu'il est dépourvu de règles et devient, au bout du compte, plus plaisant et acceptable uniquement parce qu'il est vilain », poursuit-il dans *Hard N'Heavy.*

Le mouvement Dada est né vers 1916 ; il réunissait les artistes et intellectuels européens opposés à la guerre. Pour eux, l'art ne se renouvelle plus. Il faut alors tout recommencer, et tout peut être de l'art. La contestation culturelle de Dada se traduit par un excès de dérision, d'amusement et de provocation. Les dadaïstes n'ont plus rien à perdre et tout à créer. « Le dadaïsme a été instauré parce que l'art avait atteint un point où les gens se demandaient ce qu'il était possible de faire à partir de ce qui était en place », dit-il dans *Hard N'Heavy* (2003). La solution pour Manson est de totalement se détacher de tout ce qu'il a fait avant. Dans sa quête de l'enfance, il fait d'ailleurs appel à plusieurs personnages de Disney : Peter Pan, Capitaine Crochet (*I hope this hook gets caught in your mouth* / « J'espère que ce crochet restera coincé dans ta bouche »), Mickey Mouse (*I've shrugged off my mouse ears* /« Je me suis débarrassé de mes oreilles de souris ») et Dumbo (le tout dans *Ka-Boom Ka-Boom*).

Cette piste avait déjà été indiquée avant la sortie de l'album à travers une session photo particulièrement étonnante de Manson réalisée par Gottfried Helnwein (voir chapitre 10). Il est coiffé d'oreilles de Mickey Mouse, une version au visage blanc, une seconde au visage noire et dents de fer. Helnwein explique : « En tant qu'icône, Mickey possède différents aspects. C'est une création magnifique qui est devenue quelque chose d'abominable. Un grand commerce, un symbole des multinationales. » Au-delà de l'explication simple de cette image, une autre vision peut être développée. Walt Disney était lui aussi partisan du dadaïsme. Son plus grand point commun avec Manson est de vouloir combiner l'art « simple » (le dessin pour lui, le rock pour le second) et l'art « noble ». Ainsi, *Fantasia* est né du mariage du dessin animé et de la musique classique. De son côté, Manson mêle sa musique à l'art de Helnwein, mais pas seulement. La façon dont il alimente sa musique de toutes les autres formes de culture et d'art (histoire, littérature, philosophie, photographie, cinéma) correspond à cette volonté de ne plus avoir de barrières.

On en revient à son combat éternel d'allier divertissement et art, allant contre les idées reçues : « On nous éduque dans l'idée que le divertissement est inférieur à l'art, qu'il a moins de valeur et mérite moins d'attention. Je ne suis absolument pas d'accord avec ça », clame-t-il à *NYRock*. *I'm not ashamed you're entertained but I'm not a puppet, I am a grenade* (« Je n'ai pas honte de divertir, mais je ne suis pas une marionnette, je suis une bombe »), lit-on dans *Vodevil*. Une autre manière de dire que le divertissement n'est ni innocent, ni inoffensif. Derrière ses apparences de légèreté peut se cacher une intelligence bien plus subtile.

Un rapprochement des personnalités de Marilyn Manson et Walt Disney très intéressant est fait sur le site www.helnwein.com. On y explique qu'ils étaient tout deux des bourreaux de travail et avaient besoin d'avoir un contrôle total sur leurs œuvres. Si la remarque qui suit est somme toute très personnelle, il semble qu'elle mérite d'être défendue. Si l'on comprend facilement le parallèle entre Manson et Mickey Mouse, le fait que l'un des portraits soit entièrement noir pousse à l'interrogation. Or, Walt Disney a fait preuve d'attitudes racistes et antisémites et n'employait pas de juifs (lire *La face cachée du prince d'Hollywood* de Marc Eliot). Ce visage noir est-il une allégorie du paradoxe entre l'homme qui enchanta et sublima l'enfance, tout en étant loin d'être un modèle ?

En plus de remettre en cause les bases de l'art, les dadaïstes remirent en question les modes d'expression traditionnels. Ce qui touche également au langage. Et dans *The Golden Age of Grotesque*, Manson n'a jamais autant joué avec les mots. « J'ai utilisé des mots qui non seulement ne sont pas compréhensibles de tous mais qui n'existent tout simplement pas dans la langue anglaise. Je me suis inspiré de Cab Calloway ou de ces gens qui ont essayé de faire ressentir les choses à un niveau universel. » Il les tord, les déforme, les démonte pour les remonter autrement. Il s'amuse avec des puzzles phonétiques qui donnent une seconde dimension au disque. On en arrive à des titres totalement imaginaires comme *Doll-Dagga Buzz Buzz Zigetty Zag* qui ne vit que par son rythme et ses sonorités. Cet album est une œuvre qui s'écoute et se ressent, au-delà de ce que les mots peuvent exprimer. Il suffirait presque d'y entendre une suite de sons et de mots inventés pour qu'il vive puisqu'il n'y a rien à comprendre. De même dans *Mobscene*, le *« Babble, Babble, Bitch,*

Bitch, Rebel, Rebel, Party, Party, Sex, Sex, Sex, Don't forget the violence » (« Rumeur, salope, rebelle, fête, sexe et n'oubliez pas la violence ») marque une nouvelle utilisation de sa voix par Manson : il ne chante pas, il parle. Autre hymne sans aucun sens, le *Ka-Boom Ka-Boom* né dans les bulles des *comics* avant d'avoir été récupéré partout (musique, publicité). Outre ces onomatopées, on trouve plusieurs distorsions de vocabulaire parfois très poussées qui attestent de l'esprit malin et vif de Manson. Le titre *(s)AINT* en est truffé avec, dans le refrain, *« Hold the S because I am an aint »* (« Tiens le S car je suis un *aint* », « aint » signifiant « (je) ne suis pas »). Il parle ensuite de lui comme d'un *« vivi-sex symbol »* mélangeant la *vivisection* (expérience sur les animaux) et le *sex-symbole.* Puis la phrase qui tient du génie : *I have a F and a C and I have a K too, and the only thing missing is a bitch like you* (« J'ai un F et un C et j'ai aussi un K, et la seule chose qui manque est une salope comme toi ») : le mot *Fuck* est reconstitué grâce au U de *you.* Dans *Slutgarden*, il montre comment il a utilisé des mots pour en venir à ses fins : *When I said we, you know I meant me, and when I said sweet I meant dirty* (« Quand j'ai dit nous, je voulais dire moi, et quand j'ai dit joli, je voulais dire sale »). Les mots ne sont alors plus que des outils pour parler, mais aussi mentir, que l'on peut détourner à volonté.

Créer comme s'il n'y aurait pas de lendemain signifie aussi pour Manson créer comme si les répercussions n'existaient pas. Jusqu'à présent, chacun de ses gestes, chacune de ses paroles ont été retournés contre lui, malmenés et déformés par les médias, les parents, les Américains. Tout le monde scrute et dissèque tout ce qu'il a à dire dans le but de faire de lui une bête dangereuse. Pour poursuivre son œuvre, il doit agir comme si ses actes ne seraient jamais détournés. Il lui faut oublier la peur d'être de nouveau au cœur d'un scandale (l'épopée Columbine a laissé une blessure énorme). Il écrit alors *The Golden Age of Grotesque* comme s'il était seul au monde, comme s'il ne le faisait que pour lui. « Ce que j'ai aimé du Berlin de Weimar était l'attitude des gens, leur manière de vivre et de créer comme si demain n'existait pas. C'est-à-dire sans aucune retenue. Les gens créent de belles choses lorsqu'ils ont peur, et la peur est un moteur important du mécanisme créatif », dit-il sur le www.mtv.com (2003). La République de Weimar est le nom donné au régime politique de l'Allemagne de 1919 à 1933. A cette époque, le pays se remet de sa défaite à l'issue de la guerre, et de l'effondrement de l'Empire. Après des années difficiles et violentes, le pays entre dans quinze années d'un chaos économique et social qui favorisera la diffusion des idées d'extrême droite et la prise du pouvoir par le parti national-socialiste d'Adolf Hitler en 1933. Et paradoxalement, c'est à ce moment que le milieu artistique explose, l'art est considéré comme un moyen d'oublier le malheur. Les styles se mêlent, le cabaret envahit l'opéra, l'expressionnisme perce enfin. Les gens vivent à fond, se moquent des frontières et de la morale. La décadence et l'érotisme sont de mise. Aux yeux de Manson, il s'agit d'une époque où son art aurait pu être compris et accepté plus simplement. Il y fait référence dans *The Golden Age of Grotesque*, le morceau qui respire le plus le velours rouge du cabaret, le haut-de-forme et les femmes aux formes pulpeuses. *The scabaret sacrilegends [...] it's a dirty world reich [...] Hellzapoppin, open your third nostril.*

S'il a définitivement laissé tomber la religion et le gouvernement américain comme cibles, Manson garde tout de même un petit défouloir : l'industrie musicale. *We don't rebel to sell, it just suits us well* (« On ne se rebelle pas pour vendre, mais parce que ça nous va bien »), chante-t-il dans *The Bright Young Things.* « C'est une remarque sur la façon dont la musique peut être tournée en mode et traitée par les médias, MTV et les maisons de disques. Comme ce que le punk-rock est devenu aujourd'hui avec Sum 41 ou Avril Lavigne », explique-t-il dans *Hard N'Heavy.* Il est certain que pour un artiste qui a basé sa carrière et son art sur le développement des sentiments, le combat pour ses idéaux, la rébellion préfabriquée et la colère sponsorisée ne sont pas du meilleur goût. Sa maison de disques n'a jamais pu le marqueter à sa sauce : il ne leur en a pas laissé l'occasion. Manson se crée seul, se vend seul, sans avoir besoin ni de marketing, ni de pseudo-colère. Dans *Doll-Dagga Buzz Buzz*, il semble vouloir ouvrir les yeux à tous ces jeunes groupes trop contents de percer pour s'apercevoir qu'ils sont des pantins pour *businessmen* et seront oubliés aussi vite qu'ils ont été découverts : *All the thug rock kids are playin', all the punk god angels sayin' « The toys are us, and we don't even know »* (« Tous les petits voyous du rock s'amusent, tous les anges punk disent "Nous sommes des jouets et nous ne le savons même pas"). A présent, vous savez. Il ridiculise en quelque sorte les hymnes rock calibrés dans *This Is the New Shit* qu'il sert comme un nouveau tube évident. *Stand up and admit* (« Levez-vous et avouez-le »). Il semble donner la recette parfaite du petit hymne punk : *Babble babble bitch bitch rebel rebel party party sex sex sex and don't forget the violence.* Le rythme et la répétition des mots donnent des allures de comptine, le message s'adresse à des gamins boutonneux qui se font une fausse crête et se font appeler « punk ». Il se moque carrément dans *Ka-Boom Ka-Boom*, devenant une parodie de lui-même : *I like a big car, cause I'm a big star, I make big rock'n roll hits* (« J'aime les grosses voitures car je suis une grosse star, je fais des gros tubes rock'n roll »).

Que Manson s'inspire énormément des femmes qui l'entourent n'est pas une nouvelle (voir chapitre 10) ; il explique dans *Total ADdict* : « Je pense que c'est la peur ou le manque d'intérêt des filles pour moi qui m'ont poussé à monter un groupe. » Si dans *Mechanical Animals* on ressentait l'influence de Rose Mc Gowan à travers les sentiments amoureux soudains de Manson, l'ombre de Dita s'étend d'un bout à l'autre de *The Golden Ag*e. C'est elle qui insuffle sa sensualité sombre, son glamour décadent, on y voit inconsciemment le rouge de ses lèvres, ses corsets et hauts talons, ses déhanchés. Dans certains morceaux, la voix de Manson n'est plus agressive mais lancinante et sexuelle. C'est également dans ces moments que ressort son côté marquis de Sade. Il explique : « Le marquis de Sade a amené énormément de fétichisme dans ses œuvres. Les gens cherchent une référence littéraire [dans mon disque, *ndr*] et ils n'en trouveront pas car je ne pense pas que ce soit nécessaire d'utiliser ce genre d'imagerie ou de langage dans une chanson » (*Total ADdict*). Plutôt que d'utiliser un vocabulaire salace ou des allusions sexuelles trop crues, il enregistre *Para-Noir.* « C'est un projet que j'ai conduit et pour lequel nous avons fait beaucoup d'auditions. J'ai rencontré beaucoup de femmes différentes, que je ne connaissais pas pour la plupart. Je leur ai demandé d'exprimer leurs sentiments les plus sombres et enfouis, en expliquant pourquoi elles auraient envie de coucher avec quelqu'un. » Lorsqu'il nous invite à s'installer dans son cabaret, dans *The Golden Age of Grotesque*, on sent que c'est Dita que l'on vient contempler. C'est elle qui l'a ouvert à l'imaginaire fétichiste, faisant ressurgir de vieux fantasmes sur Betty Page et autres femmes fatales en noir. Comme pour *Coma White* dans *Mechanical Animals*, la nouvelle dulcinée a droit à sa chanson d'amour, *Slutgarden*. « Dita pensait que cette chanson parlait de ma difficulté à gérer ma rupture avec mon ex. Mais elle ne se rendait pas compte que ça parlait de la volonté de se détacher de quelque chose et d'arriver à le remplacer par une autre chose. Finalement, elle sonne presque comme une chanson d'amour pour elle mais à ma sauce, dépravée et folle. »

L'album offre en bonus un court-métrage dirigé par Manson intitulé *Doppelherz*, dont nous parlons dans le chapitre suivant.

Chapitre 9

Au-delà de la musique

(Clips, court-métrage, autobiographie)

Clips

Get Your Gunn. Premier clip de Marilyn Manson, tourné visiblement avec peu de moyens, mais beaucoup de sourcils. Il est sobre, à l'instar du morceau ultra simple dont il ne retranscrit absolument pas le message. L'intérêt ici est uniquement d'installer une image, une individualité à travers une symbolique basique et ciblée : maquillage noir, regards impurs, jeux d'ombres pour accentuer la trame lugubre. Manson en tant que chanteur est d'ores et déjà la pièce centrale de l'œuvre.

Lunchbox. La scène se déroule dans un *skate-park* couvert, le seul endroit où Brian Warner, bien avant d'être une *rock star*, pouvait s'offrir quelques minutes de gloire. Au-delà de ces moments de détente, il se faisait malmener par les autres élèves à cause de sa différence. C'est ce qu'incarne Robert Pierce, le petit garçon du clip. A force d'agressions, il finit par s'endurcir, se rase la tête, histoire de se débarrasser de son image de premier de la classe, attrape sa *lunchbox* (valisette en métal dans laquelle les enfants américains mettent leur déjeuner) et fonce dans le tas. Il traverse le *skate-park* jusqu'à une estrade de fortune où joue le groupe, s'arrête devant Manson pour un face-à-face sensible et entendu. Plus que l'allégorie du gamin qui se rebelle et se prend en main, on voit parfaitement le chanteur face à lui-même qui explique, en trois minutes, pourquoi il a décidé de devenir l'ennemi public n°1. Par vengeance.

Dope Hat. Délire d'animation lubrique où l'imaginaire de Manson rencontre celui de Willy Wonka, anti-héros de *Charlie et la chocolaterie.* Il s'amuse à faire peur aux enfants, les embarquant dans une ballade en bateau durant laquelle ils rencontreront leurs pires cauchemars. On y retrouve les Oompas-Loompas, nains esclaves du roman de Dahl au regard pervers. La mer de chocolat est devenue une mer de sang

Sweet Dreams. Jusqu'à présent, Manson avait été imaginatif mais assez calme dans ses vidéos. Cette fois, il décide de frapper fort et profite de l'engouement potentiel que peut provoquer une reprise. Image floue, couleurs sales, accoutrements provocateurs et séquences marquantes (Manson à cheval sur un cochon, envahi d'oiseaux et de leurs excréments, cicatrices au torse mises à nu). Il ne met en valeur que Madonna Wayne Gacy et Twiggy Ramirez, comme s'il n'était pas encore certain de l'avenir de Daisy Berkowitz (à raison) et de Ginger Fish (à tort) au sein du groupe. Etrangement, le clip a beau être choquant et violent, il tourne en boucle sur MTV qui prend Marilyn Manson sous son aile. Les doux rêves sont ainsi faits...

The Beautiful People. Floria Sigismondi, fantastique photographe et réalisatrice, prend les choses en main et pousse leur potentiel encore effleuré à son paroxysme. Manson y apparaît pour la première fois en véritable meneur de foule, dirigeant excentrique et déroutant. C'est également le début de l'utilisation d'accessoires comme les appareils dentaires tentaculaires. Le groupe est uniformisé et looké, chaque musicien a droit à son petit passage réglementaire. Premier jet de *Antichrist Superstar*, la vidéo se doit d'être fracassante : mission accomplie.

Tourniquet. Avec de nouveau Sigismondi aux manettes, *Tourniquet* est l'ultime chef-d'œuvre du combo. L'influence des rêves de Manson dans lequel il reconstitue une femme avec des éléments de son propre corps est parfaitement exprimée. Le décor est apocalyptique et nauséabond, les insectes ont envahi l'endroit, l'humain ne l'est plus vraiment. L'esthétique est parfaite, cohérente en tous points avec ce que souhaite inspirer le groupe : le sexe, la peur, la réflexion.

Man That You Fear. Après trop d'images brutales, Manson fait une pause avec la ballade qui clôt l'album, comme s'il clôturait lui-même cette période. Le clip est calme et beau, un western gothique sur fond de sacrifice humain. Celui du chanteur, cette fois inoffensif, entouré de son groupe qui ne fait que l'accompagner vers sa mort : un lynchage aux allures très bibliques, par les habitants d'un village ensablé. Tout ici est allégé, le maquillage discret, les vêtements normaux, les attitudes presque sereines. Le message n'est pas anodin pour autant, et Manson se pose une nouvelle fois en victime, le bouc émissaire favori de l'Amérique, qui en redemande.

The Long Hard Road Out of Hell. Morceau écrit pour la bande originale du film *Spawn* et chanté en duo avec les Sneaker Pimps. Ces derniers ne font pas le poids face à la personnalité et à l'aplomb de Marilyn Manson, et sont carrément évincés du clip, sombrant dans l'oubli. Le groupe met ici l'accent non pas sur sa rage mais sur son côté glamour ; Manson y est d'une sensualité débordante, magnifiquement féminin. Cheveux immensément longs, ongles vernis de rouge, maquillage fin et robe de satin, la métamorphose d'un vilain petit canard en Miss World est saisissante. Normal, le film, et donc la chanson, doit toucher un large public : l'occasion de déposer les armes le temps d'un clip et de séduire le plus grand nombre. Et par le même chemin, remettre une petite couche de promo pour l'autobiographie du même nom sortie au même moment.

The Dope Show. En grand admirateur de David Bowie, Manson se fait un petit plaisir avec *Mechanical Animals*, un album total glam, hommage camouflé à son mentor. Le scénario de *The Dope Show* est largement emprunté à *L'homme qui venait d'ailleurs*, film dont le premier rôle est tenu par le sieur Bowie, justement. L'androgyne mystérieux de la pochette de l'album débarque d'un autre monde, se fait rapidement capturer et triturer par la médecine. Il est récupéré par un manager véreux qui l'exploite et en fait une grande *rock star*, puis il est cloné. Une satire de ce qu'il est réellement devenu, épié par le monde entier, suivi par une horde de curieux qui veulent tous leur part du gâteau. Une façon de dire qu'il commence à se sentir à l'étroit dans la peau du clown de service, aussi sombre soit-il. Le showbiz et les paillettes en ressortent déformés, un monde fondé sur du vent, de la poudre aux yeux, des starlettes montées de toutes pièces par des calculateurs invétérés qui les lâcheront une fois l'argent encaissé. Un monde par lequel Manson ne souhaite pas se laisser happer et dont il préfère se moquer.

Rock Is Dead. Issu de la bande originale du « blockbuster » *The Matrix*, *Rock Is Dead* est le premier clip du groupe réalisé par Manson lui-même. Pas transcendant, il faut l'avouer, mais haut en couleurs.

I Don't Like the Drugs (But the Drugs Like Me). Après le gros clin d'œil à Bowie avec *The Dope Show*, Manson lorgne ici du côté de Andy Warhol. Il s'affuble de sa coupe de cheveux et se traîne une énorme croix en télé sur le dos, référence au phénomène d'envahissement du petit écran dans la vie quotidienne dont Warhol disait qu'il donnerait accès à chacun à ses « 15 minutes de célébrité » (devenue « 15 minutes de honte » dans la chanson, *« Fame »* devenant *« shame »*). Excellent reflet de son titre, la vidéo est un délire sans queue ni tête où courent des policiers sans tête, où des enfants difformes sont abrutis par la télé et subissent des lavages de cerveau pour mémoriser les mots « drogue » et « masturbation ». Un bras coupé, Manson termine dans un *talk-show* à l'américaine, du genre de ceux où les familles viennent se déchirer et se dire leurs quatre vérités.

Coma White. Obsédé par l'assassinat de Kennedy (« Parce que j'y ai été conditionné par l'Amérique et sa télévision », explique Manson à *Kerrang !* en 2000), il reproduit la scène maintes fois vue et revue, accompagné de sa fiancée Rose McGowan dans le rôle de Jacky Kennedy. Il est ensuite crucifié, escorté par une horde d'êtres étranges, géants et nains, hommes et femmes déformés et déstabilisants. De cette façon, il s'inscrit dans la lignée de ceux qu'il considère comme les grands martyres de ce monde.

Astonishing Panorama of the End Times. De la même façon que *The Long Hard Road Out of Hell* servait de transition entre l'époque *Antichrist Superstar* et l'avènement glamour de *Mechanical Animals*, *Astonishing Panorama of the End Times* a pour unique rôle de faire patienter les fans et de promouvoir l'album *live*, *The Last Tour on Earth*. Il est réalisé en pâte à modeler sur le modèle des *Celebrity DeathMatch* de MTV. La télévision est de nouveau prise pour cible : deux singes s'abêtissent devant leur écran, une télé-araignée étend ses pattes vénéneuses sur le public.

Disposable Teens. Après avoir été l'homme le plus haï des Etats-Unis à cause des événements de Littleton, Manson sait plus que jamais que ses seuls alliés sont ses fans. Ce clip s'adresse donc directement à eux. Dès les premières images, il montre que rien ne peut l'anéantir, et renaît, sortant des eaux, le visage effrayant, les dents aiguisées et monstrueuses. S'il se nourrit de la véhémence des autres, les mois qu'il vient de passer, tapi chez lui, l'ont gavé. Une multitude de références religieuses accentuent l'aspect très solennel, voire rituel de la vidéo : un appel à la croisade. Visuellement, l'ensemble est superbe, mais l'accumulation de détails et flashes gâchent le message. Trop de symboles tue le symbole.

The Fight Song. Perchée sur une scène devant une énorme enseigne au message ironique : *We're happy to live in America* (« Nous sommes heureux de vivre en Amérique »), le groupe surplombe un terrain de foot sur lequel les équipes Death Valley et Holy Wood vont s'affronter. En quelque sorte, ce sont les deux éléments principaux de l'album *Holy Wood* qui combattent, les lumières de Hollywood contre la réalité noire de l'envers du décor. Au final, pas de vainqueur, juste le feu qui mettra un terme au match.

The Nobodies. A l'instar de *Disposable Teens*, *The Nobodies* est un bel assemblage d'images malheureusement incompréhensible. Etrange lorsque l'on sait que *Holy Wood* est sans doute l'album dans lequel Manson avait le plus besoin de s'exprimer et d'être compris et entendu.

Tainted Love. Dans la tradition du clip apéritif, *Tainted Love*, tourné pour les besoins de la BO de *Not Another Teen Movie*, est une satire des cadors du *hip-hop* qui se croient beaux et forts avec leurs grosses voitures et leur quincaillerie en toc autour du coup. Une tranquille fête entre ados américains de base (tous les clichés du genre sont respectés : les joueurs de l'équipe de base-ball avec leurs blousons aux couleurs criardes, la nunuche blonde chef des pom-pom girls...) est bouleversée par l'arrivée inopinée d'une bande de gothiques chargés en bijoux et dents en or. Et comme le souhaite Manson, les méchants sont bien plus drôles, sexy, attirants que les gentils blaireaux aux dents blanches.

Mobscene. Pour sa énième métamorphose, Manson veut mêler à sa musique l'ambiance cabaret du Berlin de Weimar. Les symboles sont maladroits, l'alliance forcée de la beauté et de la laideur (le maquillage des danseuses) un peu trop convenue, mais le tout est malgré tout efficace. Comme pour Rose McGowan, il ne peut s'empêcher de faire participer sa nouvelle chérie, Dita Von Teese, qui apparaît quasi nue dans un gigantesque verre de Martini. C'est également elle qui a dessiné les costumes des hôtesses.

This Is the New Shit. Grand fan de Gottfried Helwein et ravi de sa collaboration avec lui, Manson offre à l'artiste de réaliser le clip qui reste dans l'état d'esprit burlesque du précédent. Et comme d'habitude, ne trouvant pas de petit rôle pour ses musiciens mais ne souhaitant pas les laisser en reste, est incluse une séquence *live*.

(s)AINT. Le clip est en cours de tournage. Il paraît que Gidget Gein, ex-Spooky Kids, y fera une apparition... A suivre !

Vidéo et DVD

La première vidéo de Marilyn Manson, *Dead to the World*, sort en 1998. A ce moment, *Antichrist Superstar* a suffisamment fait parler de lui pour que l'on diffuse les images de la VHS au beau milieu des magasins de disques. Un choc de voir le groupe déverser sa rage sur un écran de télé devant lequel des consommateurs de tous horizons s'arrêtent, la bouche ouverte et les yeux écarquillés, comme subjugués. Puis l'on se rend compte que c'est exactement ce qu'attendait et cherchait la formation : montrer à un public plus large que celui des initiés de quoi il est capable. *Dead to the World* sera le premier de trois « documentaires » sortis à deux ans d'intervalle ; viendront *God Is in the TV* (2000) et *Guns, God and Government Tour* (2002).

Mais revenons en 1998. Manson est connu pour ses déboires avec les autorités religieuses, pour ses destruction de bibles sur scène, son discours aiguisé contre le christianisme. Il sait ce que les gens attendent de lui et s'applique à le leur donner dans *Dead to the World*. Une déferlante de cris, de sexe, de vomi, de sang, mais aussi et surtout de ses détracteurs. La vidéo s'ouvre alors sur des manifestations de chrétiens sagement alignés devant les salles de concert, ridicules dans leurs chemises hawaïennes, avec leurs moustaches de jardinier et leurs visages fermés et graves, agressifs, pathétiquement banals à côté des fans du groupe. Ces derniers sourient, se rassemblent dans leur folie noire, exhibent leurs tatouages et scarifications. Le spectateur se retrouve face à deux sectes que tout sépare : les croyances, les âges, les goûts. A choisir, autant faire partie de celle qui dérange. Le rythme est cassé, hachuré, passe d'un religieux en colère à un Manson défoncé, à deux fans à la poitrine sanglante, les lettres MARILYN MANSON gravées dans la chair. Le tout est entrecoupé d'images *live* montrant cinq musiciens déchaînés, incontrôlables, dangereux plus pour eux-mêmes que pour la société. Ils se balancent leurs instruments, Manson se jette à terre, se taillade le torse à coups de tesson de bouteille, crache, manque d'air, va se ravitailler à une pompe à oxygène en coulisse. C'est exactement ce que l'on souhaitait voir, comme nous le promettait la petite phrase de la pochette, digne d'un slogan publicitaire : *The Tour America didn't want you to see* (« La tournée que l'Amérique ne voulait pas que vous voyiez »).

Par moments, derrière les déclarations décousues et sans aucun sens, les séquences où le chanteur se caresse l'entrejambe avec une Bible, nu et pâle sur un fond blanc, on aperçoit les gamins mal dégrossis qui composent le groupe. Ceux qui se plaisent à chier dans les chambres d'hôtel, derrière les loges, vomir, rire aux éclats, et même s'ennuyer. Des êtres humains déguisés en démons pour notre plus grand plaisir. Et toujours ces chrétiens fatigants qui viennent gâcher la fête avec leurs sermons. Grâce à *Dead to the World*, Manson réalise une double performance : il s'impose en groupe de *metal* déjanté et sans limite (donc terriblement attirant) et range ses ennemis jurés dans la case des ringards finis d'une génération révolue. Ici, une chose est claire : aimer Manson, c'est cool, plein d'adrénaline, synonyme de dépravation et rébellion, même si elle est préfabriquée. Le dos de la jaquette annonce « une heure de performances *live* et de scènes *backstage* qui vous aideront à comprendre ce que ça devait être d'être au centre de ces événements extraordinaires ». Mensonger si l'on réalise que tout cela n'est qu'une infime partie, habilement sélectionnée et montée. Vrai quand l'on se souvient de ce que cela signifiait, il y a des années, d'être fan de Manson : faire partie d'un univers à part et interdit, jouissif.

Fin 1999, *God Is in the TV* débarque dans les bacs, en prélude à *Holy Wood*. Marilyn Manson est entre deux périodes, *Mechanical Animals*, période bleue sans grand succès est derrière, et *Holy Wood*, période définitivement noire pointe son nez. Le groupe est considéré comme une bande de malades mentaux sans aucune morale, à peine humains, influence hautement néfaste pour la jeunesse américaine dont les parents ont l'air de penser que leurs enfants sont trop idiots pour penser par eux-mêmes. Il n'est donc plus vraiment question de jouer au grand méchant. Ou alors en version plus *light*. Déjà en regardant l'évolution des clips (treize au total si l'on inclut l'ovni *Cryptorchid*, jamais diffusé en télé), on se rend compte que s'il veut se donner l'air de faire toujours ce qu'il veut, Manson sait écouter ce qui se trame autour et en tirer les leçons. Les tâtonnements de l'époque *Portrait* ont servi d'apéritif, annonçant la noirceur et la violence délicieuses des extraits de *Antichrist Superstar*. Le Manson parfait. Puis *Mechanical Animals* nous a apporté son lot de paillettes, de clips acidulés (*The Dope Show*, vaguement subversif) voire totalement aliénés (*I Don't Like the Drugs (But the Drugs Like Me*). Une agressivité qui est redescendue aussi vite qu'elle est montée. Le docu d'une heure qui complète la vidéo n'a là non plus pas grand-chose à voir avec celui de *Dead to the World*. Des salles brûlantes, nous passons aux festivals impersonnels et froids, aux concerts en plein jour devant 100 000 personnes. Et toujours les mêmes provocations recyclées, drapeau américain bafoué, bibles déchirées, chrétiens pas contents en prime. La nouveauté, c'est que les faux-vrais visages de Manson, Twiggy, Madonna, Ginger et John 5, effleurés auparavant, sont un peu plus dévoilés. Malheureusement. On pense être en pleine hallucination en voyant le chanteur et le bassiste habillés normalement faire du karting au Japon, entourés d'une horde de donzelles qui hurlent à la mort, l'appareil-photo dans une main, le téléphone portable dans l'autre. Et Manson de faire une pause pour s'adresser à un interlocuteur téléphonique qui ne doit même pas comprendre ce qu'il raconte. Le groupe a-t-il raison de se montrer si... normal ? Est-ce ce dont le public a besoin ?

Réponse deux ans plus tard, dans le gigantesque *Guns, God and Governement Tour*, où le grand-guignol fait son entrée, où les décors sont *larger than life*, les blessures plus profondes, le sang plus rouge, les filles plus trash. Le DVD est entièrement orchestré par le hurleur en chef qui expliquera dans *Metal Hammer* : « J'ai voulu faire un court-métrage, quelque chose que vous puissiez regarder encore et encore. Il y a des passages drôles, d'autres effrayants, d'autres classés X – des choses que je n'ai jamais pu montrer auparavant. » Et effectivement, c'est sans fioriture et sans aucune censure que l'on se prend ces images en pleine figure, certaines du plus mauvais goût comme ce couple dont l'homme fait une petite gâterie à sa femme en plein milieu du public d'un concert en liesse. Ou cette femme hermaphrodite qui urine, sexe masculin à l'air, dans un seau au milieu d'une chambre d'hôtel sous les rires gras du groupe. Ou encore cette jeune fille qui montre ses seins ou s'adonne à une fellation à peine simulée. Pas de censure donc, ni pour le sexe, ni pour le sang. On se retrouve alors à regarder l'auto-proclamé God of Fuck se faire recoudre le genou, on observe avec dégoût l'aiguille qui entre dans la plaie. Les passages *live* impressionnent, les salles bondées, les mises en scène, le feu, la fougue. Rien ne peut diminuer cette machine surpuissante qui se met en marche dès que le groupe monte sur scène, même pas cette grotesque introduction par une femme russe endimanchée, annonçant avec énergie et joie l'arrivée des cinq mercenaires. Manson dans toute sa splendeur, nerveux et acéré comme il se doit après l'épreuve Littleton et la sortie de *Holy Wood*. Exit les clips mielleux. Les seuls instants calmes sont des moments de solitude où il passerait presque pour un enfant de cœur, seul dans son petit avion privé, seul dans les rues de Moscou, seul aux abords d'un cimetière. Le même qui engueule Madonna Wayne Gacy parce qu'il reste dans une loge où il y a du verre brisé « Ne reste pas là putain, il y a du verre, du veux te couper ? T'es con ou quoi ? » Le roi des cicatrices ouvertes encore et encore sur scène, qui protège son petit clavier comme s'il était un gamin de huit ans. Ce dont on ne doute pas en le voyant s'amuser comme un fou entouré d'une bande de groupies japonaises en rut *backstage*. Encore un DVD *package* où tout ce que le public peut désirer est compilé façon MTV, sans temps mort, sans repos. Et avec même quelques *guest stars* : le couple Osbournes et Eminem. Scène mythique que ce duo approximatif des deux *bad boys* suprêmes, le blanc bec milliardaire et le corbeau entonnant *The Way I Am*. Et soudain, devant le public du rappeur, l'effet Manson disparaît, le public n'est pas à ses pieds, sa posture manque d'assurance, sa démarche est gauche, trop de lumière, décor trop dépouillé, il n'est pas dans son monde. Et ferait presque mieux de ne pas en sortir. Autre tableau où la superbe du groupe sombre dans le ridicule, un *show-case* acoustique à la limite du gênant. Chacun est sagement assis à sa place, *Godeatgod* résonne timidement, Manson chante faux, pantalon de cuir et pull en crochet noir. On attend patiemment le moment où tout explose, où le son se durcit, où la voix déraille, se fend à force de hurlement, mais en vain.

Fort de son expérience en montage et trituration d'images, Manson produit *Doppelherz* avec l'aide de Gottfried Helnwein, un court-métrage hypnotique d'une vingtaine de minutes en bonus sur *The Golden Age of Grotesque*. Le scénario, si l'on peut dire qu'il y en a un, peut être résumé ainsi : Manson kidnappe deux femmes cousues l'une à l'autre, les traînent dans la forêt à la nuit tombée, les fait danser pour lui dans son lit. Sans dialogue, le petit film est couvert d'un monologue obsessif où les phrases sont répétées en boucles, le ton de la voix monocorde et autoritaire. Le texte est totalement décousu. Parfois autobiographique : *I'm not really tall, dark and handsome, I just look that way, I'm a canvas that bleeds, And I'm painted with fingers* (« Je ne suis pas grand, sombre et adorable, j'en ai juste l'air, je suis une image qui saigne, je suis peint à la main ») ou *Some people don't think that Lily is smart enough to understand what I'm thinking, But I know if she could she would kill, Everybody that I hate, cause she loves me* (« Certains ne croient pas que Lily soit suffisamment intelligente pour me comprendre, mais je sais que si elle le pouvait, elle tuerait tous ceux que je hais car elle m'aime ») où il parle réellement de son chat Lily White. Parfois totalement incohérent : *Stop rehearsing alcohol and start performing narcotics. Do you think that animals believe in god. To be equal you must add or subtract. People who want to be equal have lives that are filled with subtractions and auditions* (« Arrêtez l'alcool et commencez les narcotiques. Pensez-vous que les animaux croient en Dieu. Les gens qui veulent être égaux ont des vies remplies de soustractions et d'additions »). Manson sait que tout ce qu'il fait est décrypté et analysé, il prévient alors que rien ici n'est à prendre au sérieux ou à comprendre. Aucun message à saisir, rien que de l'art, du rêve conclu par la phrase on ne peut plus ironique : *It's time someone believes what I say, I've become a lie. Each time someone believes what I say, I become a lie* (« C'est quand quelqu'un croit en ce que je dis, que je deviens un mensonge. Chaque fois que quelqu'un croit en ce que je dis, je deviens un mensonge »).

Autobiographie

Après seulement deux albums (et demi, si l'on compte *Smells Like Children*) Marilyn Manson se paie le luxe d'écrire son autobiographie, *The Long Hard Road Out of Hell*. Il se fait aider par Neil Strauss, célèbre journaliste du non moins célèbre magazine *Roling Stone* dans lequel il a déjà signé plusieurs papiers sur le groupe. Le tout est écrit dans un style très simple d'accès, avec un humour noir subtile et une autodérision dont seul Manson est capable. Il sort en 1998 et devient très rapidement un *best-seller*, vendu jusque dans les stations-service américaines. Le peuple veut savoir qui se cache derrière l'homme qui défraye la chronique depuis des années. Mais le mythe est déjà si bien ficelé, l'histoire déjà écrite dans les têtes de millions de fans et de curieux que l'artiste n'a plus vraiment le choix. Impossible de sortir un livre dans lequel il ne se passe rien, d'admettre que tout ça n'est finalement que du rock : il faut alimenter les passions, enflammer les rumeurs. Le voici donc parti dans une histoire affolante sur son horrible grand-père Jack, pervers zoophile qui se masturbait dans sa cave en regardant un train électrique tourner. Le papi dégoûtant qui lui aurait volé son innocence, brisé l'enfance, traumatisé à vie. L'enfant s'est inventé son propre monstre du placard et fait porter le chapeau à un vieillard malade qui ne pouvait plus respirer sans un tuyau dans la gorge. Et cette Melle Price, terrifiante prof d'instruction religieuse obsédée par l'Apocalypse, véritable personnage de série télé que l'on imagine bien avec son petit chignon et ses lunettes sur le bout du nez : la cause de ses cauchemars, la raison de sa haine profonde pour la religion. Sans oublier Rachelle, amoureuse adorée qui lui brisa le cœur en le trompant puis en lui faisant croire que l'enfant qu'elle portait était « peut-être » le sien. La fille qui le fit décider que plus jamais il n'aurait confiance en personne, l'endurcit au point qu'il en oublie ses propres sentiments des années durant. Tous sont autant d'alibi à une personnalité cousue de fil blanc, d'explications aux questions que l'on pourrait se poser. Brian Warner est donc devenu Marilyn Manson par esprit de vengeance, pour cesser d'être une victime. Mi vécu, mi fiction,

The Long Hard Road est une passionnante épopée où tout tient plus ou moins debout si l'on accepte de le prendre de loin. De ne pas croire à tous les mots et tous les actes. Les poèmes et les nouvelles du petit Brian ont-ils vraiment existé ? Le *25th Parallel* est-il un magazine fictif (aucune trace nulle part, ni même sur internet) ? L'interview pour le *Empyrean Magazine* durant laquelle le chanteur s'enfile autant de lignes de coke que Courtney Love dans toute sa vie est-elle un monologue déguisé ? Pourtant, parfois, ce qui semble être un pur délire de l'auteur peut finalement être avéré. Comme cette expérience sordide avec Alyssa, une jeune fille sourde dans le studio de Trent Reznor pendant l'enregistrement de *Antichrist Superstar*. La demoiselle s'est retrouvée nue, recouverte de morceaux de viande par la bande mansonnienne au grand complet, sodomisée par Madonna Wayne Gacy pour finir dans une cabine de douche arrosée par les jets d'urine de Twiggy Ramirez et Manson. Ça tient du fantasme et pourtant, dans la vidéo *Demystying the Devil* (non officielle, sortie sans l'autorisation du groupe), on peut voir l'interview de cette fille qui raconte ses aventures avec une grande fierté. A croire que la vie de Marilyn Manson tient parfois d'un film. Au milieu des passages romanesques, des descriptions alambiquées de ce que fut son passé, des tests qui vous permettront de savoir si vous êtes un junkie ou un homosexuel qui s'ignore, Manson règle tout de même quelques comptes, en douceur. Il fait savoir, histoire de bien mettre les points sur les « i » qu'il n'est pas raciste, ne voue pas de culte à Satan mais adhère aux idées individualistes du satanisme ; que l'art est indispensable à sa vie, qu'il est très cultivé et encourage ses fans à suivre l'exemple. Près de trois cents pages qui se concluent sur un constat doux-amer : « J'ai obtenu tout ce que je voulais. Nous sommes le plus grand groupe des Etats-Unis. Nous avons reçu des disques de platine. Nous avons fait la couverture de *Rolling Stone*, ce que Dr Hook n'a jamais réussi à obtenir. Mais en chemin, j'ai réussi à détruire et perdre tout ce que j'aimais. Le monde me regarde comme moi je regardais mon grand-père. J'espère qu'ils apprécient ce qu'ils voient, parce que moi, oui. Je me sens comme un mélange de Elvis Presley, de Jack Warner et du révérend Ernest Angley, et ça me trouble. A force de bâtir mon succès sur mes échecs, je suis devenu ce qui me faisait peur » (extrait de son journal intime, septembre 1997). Et de conclure, un sourire en coin : « Je vois déjà l'Amérique, Nothing Records, nos amis ainsi que les médias affirmer que nous sommes au sommet de notre carrière. Malheureusement pour eux, cela ne fait que commencer. » Sept ans plus tard, force est de constater qu'il avait raison...

Chapitre 10

Rien ne se perd, rien ne se crée, tout se transforme

Boulimique d'informations et de culture, Manson est une éponge qui absorbe et recrée ce qu'il voit et entend. La liste de ses influences et collaborations en tout genre est très longue, nous irons donc au plus importantes : les musiciens, les artistes de l'image et... les femmes.

Trent Reznor

Créateur et leader de génie de Nine Inch Nails, Trent Reznor reste le musicien le plus impressionnant de sa génération. Alors que tous les groupes sont de nos jours calibrés et marketés par les maisons de disques, Reznor est un homme droit, honnête, qui ne fait que la musique qu'il désire créer, sans ce soucier de ce que pourront bien penser les médias et les fans. Pour preuve, le dernier album du groupe, *The Fragile*, n'a pas du tout généré les ventes prévues : trop calme, trop personnel et assimilable par rapport aux précédents qui ont marqué les fans pour leur violence. Mais Reznor s'en fout et fait sa vie, et ce depuis dix ans. Musique toujours surprenante et torturée, paroles intimes et douloureuses, patience dans l'écriture et l'enregistrement, telle est la recette magique de Nine Inch Nails. Trent est un homme pointilleux, capable de passer des jours sur un son pour lui donner la plus belle forme, la plus grande émotion. Un perfectionnisme qui s'accorde parfaitement avec l'état d'esprit dans lequel Manson gère sa carrière.

Les deux hommes firent connaissance alors que Manson était encore un journaliste boutonneux en mal de gloire pour le magazine (fictif ?) *25th Parallel*. L'interview qu'il fait de Reznor se déroule très bien, il se trouve énormément de points communs avec le chanteur avec qui il garde contact. Reznor lui propose de lui envoyer une démo s'il monte un groupe qui tient la route. Pendant plusieurs mois, ils gardent contact par téléphone, puis se perdent de vue. La légende veut que, après avoir acheté l'album *Broken* de Nine Inch Nails, Manson rentra chez lui pour l'écouter et se fit la réflexion qu'il n'avait pas eu de nouvelles depuis longtemps. A ce moment, son téléphone sonne, c'est le manager du groupe qui lui demande s'il a une démo à envoyer. Quelques jours plus tard, c'est Trent qui l'appelle à son tour pour lui annoncer qu'il vient d'emménager dans la maison de Sharon Tate, au 10050 Cielo Drive où il allait bientôt tourner le clip de *Gave Up*. Il propose à Manson d'y figurer, ce qu'il fit en tant que guitariste, une situation plutôt drôle quand on sait que Manson joue de la guitare comme il fait de la poterie : quasiment pas. Le clip vaut cela dit le coup d'œil pour deux raisons : Manson y est sobre et très peu maquillé, et l'on y voit Richard Patrick qui quittera NIN quelques mois plus tard pour fonder Filter.

Reznor décide de parrainer son poulain comme il se doit : il le signe sur son propre label, Nothing Records, et lui offre d'assurer la première partie du Self-Destruct Tour. Il le protège au point que lorsqu'il est menacé de voir un concert annulé à Salt Lake City s'il laisse Marilyn Manson jouer (les petits apprentis rebelles font déjà parler d'eux à force de profanations anti-religieuses en concert), il accepte mais prévoit une petite ruse. Manson viendra quand même faire son show, dans un coin de la scène pendant le set de NIN, et bien entendu, il déchire tranquillement des pages de la Bible. Il produit *Portrait of an American Family*, certains de ses musiciens comme Chris Vrenna ou Charlie Clouser y font des *featuring*. Reznor croit en Marilyn Manson et est prêt à tout pour le voir réussir. Et si la production de l'album suivant, *Smells Like Children*, n'est pas un grand exploit, son implication sur *Antichrist Superstar* dépasse largement les besoins de son rôle. N'importe quel fan de Nine Inch Nails peut entendre et ressentir la « touche Reznor » sur chaque morceau. L'album lui prendra tellement de temps et d'énergie qu'il devra faire une pause dans sa propre carrière et mettra cinq ans à pondre son album suivant.

Manson admettra qu'à cette époque, il considérait le roi de l'industriel comme son frère, leurs liens se resserrent, chacun a trouvé dans l'autre un alter ego. Mais une amitié si forte ne tolère pas les petites trahisons. Or, alors que *Antichrist Superstar* offre à Marilyn Manson les clés du succès, un fossé se creuse entre les deux personnalités. D'un côté, Reznor reste lui-même, humble malgré son talent immense. De l'autre, Manson prend la grosse tête et se comporte comme une starlette, exigeant, fatigant et dictatorial. La gloire signera la fin de leur collaboration. *Mechanical Animals* marque le début de l'indépendance de Manson, et déçoit tous les fans. Dans *The Long Hard Road Out of Hell*, il semble oublier tout ce qu'il doit à son mentor et se permet de dire que son groupe a permis à Nothing Records d'exister, que sans lui, il aurait coulé. La pilule est très difficile à avaler pour Reznor qui expliquera dans *Kerrang !* en septembre 1999 : « Le Manson connu du public n'est pas celui que j'ai connu. Ça fait longtemps que je ne l'ai pas croisé, mais tout ce qui nous a séparé tient à une chose : la célébrité change les gens [...] Quand je l'ai signé, je savais qu'il y aurait un moment où il aurait besoin de sortir de l'ombre. Qu'il en aurait marre qu'on lui pose des questions sur moi. Puis le succès arrive et le changement opère. Je ne le blâme pas pour tout, on partage la responsabilité. Je ne pense pas que beaucoup de gens pensent que ce soit la meilleure personne à avoir comme ami [...] Quand *The Long Hard Road Out of Hell* est sorti, je n'ai rien dit, mais ce putain de livre et ce qu'il y écrit à propos de Nothing Records est franchement énervant. Il a déformé la réalité pour se valoriser. Voici une des raisons pour lesquelles on ne communique plus du tout. » Manson, non content d'avoir créé un froid s'y enfonce en déclarant à *InsideCX* : « Depuis que mon livre est sorti, je n'ai plus de nouvelles de lui. Peut-être est-il en colère, et alors ? Je ne reviendrai pas dessus et je ne dirai jamais que je ne pensais pas ce que j'ai écrit. Je reste sur mes positions. De toutes façons, il fallait que je me libère. Je devais sortir de l'ombre. Son boulot en tant que producteur était très important, mais en même temps, il me limitait beaucoup. Il fallait donc que je m'échappe. »

Dans son album *The Fragile* en 1999, Reznor crève l'abcès et dédie une chanson acérée et explicite à son ancien protégé : *Starfuckers, Inc.* Les paroles, on ne peut plus éloquentes, se passent de tous commentaires mais pas d'une petite traduction : *I'll be there for you as long as it works for me, I play a game, It's called insincerity* (« Je serai là pour toi tant que ça me rendra service, je joue un jeu qui s'appelle hypocrisie ») ; *I sold my soul but don't you dare call me a whore, And when I suck you off not a drop will go to waste, It's really not so bad you know once you get past the taste* (« J'ai vendu mon âme au Diable mais ne t'avise pas de me traiter de pute, et quand je te suce, je n'en perds pas une goutte. Ce n'est vraiment pas mauvais une fois que tu t'es fait au goût »). Il conclut la chanson par ces mots : *All our pain, How did we ever get by without you? You're so vain, I bet you think this song is about you, Don't you* (« Comment avons-nous surmonté toutes nos peines sans toi ? Tu es si vain, je parie que tu penses que cette chanson est pour toi, n'est-ce pas ? ») ; *Now I belong I'm one of the chosen ones. Now I belong I'm one of the beautiful ones* (« A présent je fais partie des élus. A présent je fais partie des gens bien »), joli petit clin d'œil à *The Beautiful People*. Une façon de bien faire comprendre à Manson ce qui les a séparés, ce dernier étant devenu ce qu'il exécrait, une star sans âme prête à tout pour réussir. Comble de l'ironie et preuve que Manson ne manque ni d'humour ni de ressources, il a dirigé le clip du morceau et y apparaît déguisé en pute de luxe, blonde platine, au service de Reznor. En 2000, il fait une apparition surprise sur scène aux côtés de Nine Inch Nails au Madisson Square Garden pour interpréter *Starfuckers, Inc.* mais aussi *The Beautiful People.* S'ils n'ont pour le moment pas tenté de travailler de nouveau ensemble, les deux artistes semblent au moins être redevenus amis.

David Bowie

S'il admet avoir baigné dans toute la scène *heavy metal* des années 80 (Kiss, Alice Cooper, Iron Maiden), Manson avoue que l'artiste qui l'a le plus marqué reste David Bowie. Il admire l'homme qui a su, au fil des années, imposer son image décadente, sa musique novatrice, sa personnalité ambiguë. Bowie, l'artiste sans aucune limite, créateur de son propre personnage, révolutionnaire mélodique et sensible. L'adoration que lui porte Manson est si forte que son œuvre toute entière en porte l'empreinte, plus ou moins discrète. Adolescent, Brian Warner écoute *Diamond Dogs* et *Ziggy Stardust* en boucle, comprend que l'art ne vaut que s'il est vécu à fond. Sa vie sera alors dédiée à l'art, à la musique et tout le reste (peinture, cinéma). Il calque son évolution musicale sur celle de son mentor. A l'instar de celui-ci, qui donna naissance puis détruisit le personnage de Ziggy Stardust, Manson crée l'Antéchrist, en écrit la vie dans *Antichrist Superstar* puis le tue. A ce moment, il a déjà copié son maître en s'épilant les sourcils, s'affublant d'une lentille de couleur (alors que Bowie a réellement les yeux vairons), reprenant la flèche de *Aladdin Sane* qu'il enferme dans un cercle pour en faire le « Schock Logo ». Pour les deux artistes, la mort de leur personnage est annoncée, elle introduit un nouvel univers. Aladdin Sane détrône Ziggy, et Manson devient Omega dans *Mechanical Animals*.

Lorsque l'album sort, Manson s'est séparé de Trent Reznor à travers lequel il a trouvé la personnalité de son groupe. Il fait alors son premier « vrai » disque, sans aucune influence extérieure autre que celle qu'il s'autorise, voire s'impose. Il reproduit alors la musique dont il s'est nourri et sort un hommage musical à Bowie, lui empruntant le son pop, les couleurs, les ambiances. Omega, son nouveau pantin, a remplacé les guenilles et porte-jarretelles par d'horribles combinaisons bleu pastel pailletées (les mêmes que Ziggy Stardust), se teint les cheveux en rouge. L'album s'étend sur la dépersonnalisation de l'homme qui peu à peu devient un robot, incapable de penser par lui-même, idée présente dans *Diamond Dogs*, album-concept inspiré de *1984* de George Orwell. Le corps de Omega est à la fois androgyne et asexué, ce qui rappelle le rapport de Bowie au sexe. Ouvertement bisexuel, ce dernier choque son époque en étalant sa sexualité sans aucun tabou (imaginez Manson faire carrière dans les années 70, l'accueil aurait été encore plus brûlant).

Autre leçon tirée de l'apprentissage Bowie : Manson met un point d'honneur à alimenter sa musique de multiples références culturelles. Il pratique « l'art global », intègre des notions de théâtre et de philosophie à ce qu'il crée. Si l'icône pop s'inspire de Boroughs, Beckett, Genet ou Artaud, Manson cite Nietzsche, Schopenhauer, Dahl, Wilde ou encore Milton. La culture européenne de Bowie l'oblige à faire de ses performances scéniques de véritable spectacles structurés et étudiés (la *comedia dell'arte*), Manson quant à lui évite les basiques *light shows* et effets pyrotechniques chers aux Américains, et travaille le symbole et le détail. Côté philosophie, les deux hommes partagent l'idée que la vie doit être synonyme de plaisir, quel qu'il soit, sexe, drogue. Ce qui amène forcément à l'abolition de la religion qui annihile totalement toute pulsion humaine et naturelle et donc réfrène le plaisir.

Mais malgré tous ses efforts, ses démonstrations d'un culte évident, ses multiples déclarations par presse interposée, Manson n'a jamais été invité par son idole pour une quelconque collaboration. *I'm afraid of Americans* (« J'ai peur des Américains »), chante Bowie dans *Earthling*, ceci expliquerait peut-être cela... Par contre, il a discrètement récupéré Floria Sigismondi, réalisatrice des vidéos de *Tourniquet* et *The Beautiful People* pour le clip de *Little Wonder*. Et cette fois, c'est lui qui s'inspire largement de son petit fan, les ressemblances avec l'univers sale de *Antichrist Superstar* sont flagrantes. De son côté, Manson a tout de même reprit *Golden Years* sur la bande originale de *Dead Man on Campus*.

Autres influences musicales marquantes : Alice Cooper, Kiss, The Cure, Iron Maiden.

Gottfried Helnwein

En offrant un livre des œuvres de son père à Marilyn Manson dont il est fan, Cyril Helnwein n'aurait sans doute jamais pensé que les deux hommes finiraient pas collaborer pour *The Golden Age of Grotesque*. Peintre, photographe et sculpteur autrichien Gottfried Helnwein a lié sa vie à l'art dès son adolescence (et continue encore à plus de cinquante ans), à condition que ce soit un art sans limite et sans règle. L'imagination doit être seul maître à bord. Comme Manson, il souhaite que ses œuvres provoquent des réactions et des interrogations à ses spectateurs, quitte à les choquer, les bouleverser, à utiliser des images violentes ou controversées. « L'art est une question, pas une réponse », dit-il. Fervent consommateur de rock, c'est tout naturellement qu'il s'est intéressé à Marilyn Manson, sentant chez lui quelque chose de différent : « Je connaissais bien son travail puisque je l'ai toujours considéré comme un artiste très doué et très intelligent. J'aimais bien ses interviews, et ses paroles m'ont impressionné [...] Nous avons commencé à travailler ensemble et cela s'est transformé en quelque chose que je n'attendais honnêtement pas. C'est une des rares fois où j'ai rencontré un artiste avec qui je pouvais collaborer de façon aussi naturelle et développer de nouvelles formes d'art » (*Hard N'Heavy*, 2003). Manson, quant à lui, ne tarit pas d'éloges sur son nouveau partenaire : « Lui et moi travaillons sur différents projets qui dépassent les frontières de la photographie, de la peinture, du cinéma ou des performances [...] Ce sont des choses que les gens n'ont plus l'habitude de voir depuis longtemps, des choses qui se passaient dans les années 30, 40, 50 et même 60 avec le Panic Movement et Aktion. Gottfried passe au niveau supérieur, pas seulement dans le but de choquer mais pour l'amélioration de l'art, pour pousser les gens à avoir une apparence différente pour eux-mêmes et non pas pour impressionner les autres. Il veut les pousser à être créatifs parce que c'est ce qui les nourrit et leur permet d'exister. » Sortir l'art du carcan élitiste des musées, le « vulgariser » est l'un des objectifs, si ce n'est le principal de *The Golden Age of Grotesque*. Car l'art est synonyme de réaction et d'action, il n'existe que s'il passe par le regard des autres, et Manson ne souhaite plus que son œuvre soit réservée aux seuls habitués du genre. Grâce à Helnwein, il retrouve l'essence même de son ouvrage, l'envie de partager en même temps qu'il trouble, de retrouver une pratique spontanée et honnête de sa musique. Le syndrome Peter Pan, une nouvelle fois, le retour au regard vierge de l'enfance, sujet largement abordé et utilisé dans l'œuvre de Helnwein. Leurs premiers travaux communs seront les célèbres photos de Manson en Mickey Mouse version noir et blanc, des portraits du chanteur posant devant l'image d'enfants faisant le salut nazi ou aux côtés d'un ange blond d'une dizaine d'années, fusil à la main. Mais aussi et surtout la pochette (censurée aux Etats-Unis) de *The Golden Age of Grotesque* et les ambiances des clips de *Mobscence* et *This Is the New Shit.* Des images qui, comme prévu, suscitent des réactions fortes, souvent scandalisées : l'imagerie nazie ne peut être utilisée de quelque manière que ce soit sans provoquer des soulèvements de foules méfiantes. Pourtant, il n'y a rien de fasciste à voir là-dedans, bien au contraire, il s'agit là plus d'un rejet. Forts de leur alliance, les deux artistes envisagent de créer un nouveau mouvement artistique dans la lignée de Aktion. Créé à Vienne à la fin des années 60, il était constitué de performances agressives destinées à briser les tabous, en réponse à l'oppression et à l'hypocrisie de la société. S'ils ne lui ont pas encore donné de nom (à part celui provisoire de « The Golden Age of Grotesque » qui en est les prémices), Manson affirme déjà qu'il devrait changer la face de l'art. Helnwein, plus prudent, explique : « On ne peut pas savoir comment tout cela va finir, mais notre collaboration en a clairement le potentiel. » Et de conclure : « Le véritable artiste est toujours l'opposant à une société médiocre, le défi dont elle a besoin pour ne pas geler. L'Amérique devrait être fière d'avoir un artiste comme Marilyn Manson. »

Autres collaborations et rencontres visuelles importantes : Floria Sigismondi (*Tourniquet*, *The Beautiful People* et plusieurs sessions photos), Asia Argento (*(s)AINT*), Perou (de très nombreuses photos depuis 1996, dont plus récemment tous les clichés promotionnels pour *The Golden Age of Grotesque*), David Lynch (une apparition furtive dans *Lost Highway*, présence dans la bande originale du film), Alejandro Jodorwski (avec qui il souhaite tourner un film).

Les femmes

Pour un homme qui se fait appeler « The God of Fuck » depuis des années, Manson est tout sauf une *rock star* assoiffée de chair et de groupies. Il fait plutôt preuve d'un romantisme et d'une sensibilité presque féminins, ne fait rien sans s'accompagner de sa dulcinée. Lorsqu' il rencontre l'actrice Rose McGowan (*Scream, Doom Generation*) juste avant de s'atteler à la composition de *Mechanical Animals*, il est persuadé d'avoir trouvé la femme de sa vie et le répète à tout bout de champs. L'album lui est ouvertement dédié, en particulier des morceaux comme *The Last Day on Earth* ou *Coma White*. Le méchant démon qui se met à écrire des chansons d'amour, voilà qui peut surprendre si l'on ne veut pas se mettre dans le crâne que, comme il le dit dans le *NME* en 2000 : « Je suis un homme sensible et je n'en ai pas honte. » De la même façon qu'il s'imprègne de toutes formes d'art, Manson utilise ses sentiments envers Rose pour colorer sa musique. Il lui offre également un rôle dans le clip de *Coma White* : il est John F. Kennedy et elle Jacky, avant d'apparaître à ses côtés dans *Jawbreaker*, un navet pour adolescents boutonneux. Lorsqu'il la quitte pour retrouver Dita Von Teese, tout son univers change. Rose avait vingt-cinq ans, évoluait dans le milieu hollywoodien, plein de paillettes, cocktails et sourires aux dents blanches. Manson se montrait alors en costumes criards, imprimés léopard ou rose fushia, lunettes de soleil modèle ultra voyant, maquillage digne d'une Cindy Lauper des premiers jours. Son couple doit être un ensemble cohérent et coordonné, comme pour tout ce qu'il fait, rien n'est laissé au hasard. Dita, elle, semble s'être arrêté dans une époque passée où Betty Page serait un modèle d'élégance, où le noir et blanc est de rigueur. C'est donc le retour à un accoutrement plus sobre au sein du groupe : haut-de-forme, chemises et cravates, mitaines. *The Golden Age of Grotesque* s'en ressent, Manson cultive la passion de sa fiancée pour le burlesque, l'ambiance des cabarets enfumés de l'Europe d'après-guerre. « Je me base souvent sur l'écoute des femmes, je joue un morceau et regarde leur réaction, alors je peux analyser. Les femmes et les enfants sont de très bonnes oreilles pour expérimenter la musique », explique-t-il dans *Total ADdict* (2003). Dita est également intégrée à son travail, danse en petite tenue dans le clip de *Mobscene*, pose entièrement nue dans la jaquette de l'album. Au-delà d'une collaboration étroite avec les femmes de sa vie, Manson semble incapable de faire un geste sans elles. Il tient à conserver celle qu'il aime à ses côtés dans chacune de ses activités, l'amène en tournée (Dita a passé chaque date de la tournée « Grotesk Burlesk » dans un coin de la scène), ne la lâche pas d'une semelle pendant les soirées mondaines. Derrière chaque grand homme se cache une grande femme...

Chapitre 11

Philosophie et Littérature

« J'ai cautionné que l'intelligence est le seul critère valable pour désigner des leaders et des décisionnaires. Personne ne choisit son sexe ou sa race mais n'importe qui peut exceller et enrichir son esprit en se cultivant et en étudiant. » Manson au magazine Up !.

D'après Marilyn Manson, la seule justification à l'acharnement des Américains contre lui est leur bêtise. Un manque de culture affligeant, un lavage de cerveau perpétuel via le petit écran, un abrutissement lent par la publicité, une trop grosse influence des médias sur la population. L'Américain moyen, d'après lui, ne cherche pas à avancer ni à évoluer, il absorbe et digère les informations sans se questionner, accepte, suit des règles qu'il ne comprend même pas. « Je suis fier d'être américain par-delà le bien et le mal. Le problème de l'Amérique c'est qu'on peut toujours essayer d'échapper à sa ville en allant dans une autre, elles se ressemblent toutes. Cette diversité des couleurs et des architectures des villes européennes manque. Sans parler de la mentalité américaine, de ces gens qui aiment tout ranger dans des petites catégories et qui ont horreur de se poser des questions », explique-t-il à *Rock & Folk* (1997). En plus de se sauver lui-même, Manson compte bien sauver ce qui peut encore l'être de la jeunesse américaine, remplaçant leurs magazines pour ados attardés par des livres de philosophie et leurs séries télé stupides par des films de Fellini. A la question « Comment traduiriez-vous les termes de votre mission à quelqu'un qui ne s'intéresse pas au rock ? », sa réponse est radicale : « Je dirais à cette personne de lire *L'Antechrist* ou *Par-delà le bien et le mal* de Nietzsche, je lui dirais de créer son propre Dieu, de trouver ses propres réponses, de réaliser que personne n'a à lui imposer des modes de vie ou des codes qui ne sont pas les siens. Je lui dirais que tout le monde est une star et qu'il incombe à chacun de se réaliser par lui-même. » Le message est clair, la culture est la force qui nous permettra de nous détacher des mauvaises influences et de trier ce qui est bon à garder.

Philosophie

Principale influence philosophique de Manson, Friedrich Nietzsche fut, comme lui, largement incompris. Sa théorie du « Surhomme » fut récupérée et déformée par les nazis, alors que l'idée de base est plutôt positive et se rapproche énormément de tout ce que Manson exprime dans *Antichrist Superstar*. Le surhomme, l'Homme fort, est celui qui se surpasse, celui qui est animé par la « volonté de puissance », celui qui souhaite être plus fort que les autres. Il n'est pas supérieur par une sélection naturelle comme l'ont interprété les nazis, mais par le travail sur soi, l'effort constant et personnel. « L'homme est une chose qui doit être surpassée », écrit-il dans *Ainsi parlait Zarathoustra*. Voilà ce que Nietzsche considère comme une valeur suprême, et que Manson s'évertue à prôner dans chaque interview, et qu'il essaie d'être. A cette différence près que lui se bat et se dépasse pour se venger du monde, alors que le surhomme, tel que décrit par Nietzsche, n'a pas de ressentiment. Il a dépassé le ressentiment, vit et se réalise pour lui, non pas par rapport aux autres. Autre idée commune : la mort de Dieu. Dans les écrits de Nietzsche, cela signifie que les idéaux et valeurs selon lesquels l'homme vit se sont effondrés. Les règles de la morale ne sont plus religieuses, elles ne sont plus dictées par Dieu.

« Dieu est mort ! Dieu reste mort ! Et c'est nous qui l'avons tué ! [...] La grandeur de cet acte est trop grande pour nous. Ne faut-il pas devenir Dieu nous-mêmes pour, simplement, avoir l'air dignes d'elle ? Il n'y a jamais eu d'action plus grandiose, et, quels qu'ils soient, ceux qui pourraient naître après nous appartiendront, à cause d'elle, à une histoire plus haute, que jusqu'ici ne fut aucune histoire ! », écrit Nietzsche dans *Ainsi parlait Zarathoustra. The only good god is a dead god / The only god good for me / I killed your king of the saint / Chaos come onto me / I am free* (« Le seul bon Dieu est un Dieu mort / Le seul bon Dieu pour moi / J'ai tué votre Dieu des Saints / Le chaos vient en moi / Je suis libre »), écrit Manson dans *Dead God.* C'est donc en soi-même qu'il faut chercher Dieu, devenir son propre Dieu.

Pour atteindre ce « moi » nouveau, il est nécessaire de passer par plusieurs stades de métamorphoses, comme le fait Manson dans *Antichrist*, en trois étapes : *The Heirophant*, *Inauguration of the Worm* et *Disintegration Rising.* Pour mieux comprendre ces titres, on peut se baser sur les trois cycles de l'autobiographie *The Long Hard Road Out of Hell* : *When I was a worm* (« Quand j'étais un ver »), *Deformography* (« Deformographie ») et *How I got my wings* (« Comment mes ailes ont poussé »). L'évolution et la transformation nécessaire à la survie fait appel au darwinisme, doctrine régie par le biologiste Charles Darwin et à laquelle Manson fait régulièrement référence. Elle explique que l'évolution des espèces est due à la lutte des espèces pour la nourriture ou la reproduction. Pour survivre, l'homme doit se battre, se muer, grandir, s'endurcir.

Autre influence plus discrète, celle de Arthur Schopenhauer est néanmoins décelable dans la façon dont *Antichrist Superstar* fut enregistré. « Pour s'endurcir, il faut soumettre le corps à beaucoup d'efforts et de fatigue, et s'habituer à résister à tout ce qui peut l'affecter, quelque rudement que ce soit », écrit-il dans *Aphorismes sur la sagesse de la vie.* Comme l'explique Twiggy Ramirez au magazine *Metal Edge* en 1997 : « Pendant l'enregistrement, on se privait de dormir pendant une semaine d'affilée [...] Cela améliorait le processus créatif. Pour l'inspiration, on a tout tenté, du cinéma aux drogues en passant par la musique. Si l'on n'avait plus de films à regarder, que la musique nous saoulait, que les drogues ne faisaient plus d'effet, on essayait autre chose. On était pas loin de la *near-death experience* après cinq ou six jours sans dormir. On commençait à avoir des hallucinations, et au bout d'un moment, tu vois vraiment les choses différemment. »

Littérature

S'il est un écrivain qui a inspiré Manson depuis le début, c'est Roald Dahl avec son *Charlie et la chocolaterie*. Fasciné par le personnage de Willy Wonka, le propriétaire de la chocolaterie, il s'est très tôt identifié à lui. Wonka est l'anti-héros parfait. Celui dont il faut se méfier car il est prêt à tout pour vous faire entendre raison. Pour faire comprendre aux enfants qui visitent sa chocolaterie où sont leurs torts, il les punit en retournant leurs péchés contre eux. Ainsi Violette Beauregard, mâcheuse insatiable de chewing-gum se transforme en myrtille géante puis en bulle de chewing-gum. Veruca Salt, petite gamine pourrie gâtée par ses parents est agressée par des écureuils qu'elle est allée déranger malgré les mises en garde de Wonka. Mike Teavee, obsédé par la télévision, sera transformé en petit nain, juste assez grand pour tenir sur un écran. Le tout sous l'œil amusé de Willy Wonka qui sait que, parfois, une démonstration vaut toutes les explications. Voilà qui a beaucoup plu à Marilyn Manson. Puisque ses parents, ses professeurs, et finalement le pays dans lequel il vit ne veulent pas comprendre que leurs théories religieuses et bornées ne font que les frustrer, que leurs histoires de punitions si l'on ne suit pas leurs règles ne tiennent pas debout, alors il deviendra ce personnage dont ils ont toujours eu peur. Pourtant eux ont suivi le droit chemin, pourtant ils ont bien respecté tous ces dogmes réducteurs, et ils sont malgré tout punis par le Diable en personne. Un retournement de situation théâtral qui a amusé Willy Wonka et permet à Manson de faire tout ce qu'il veut dans la vie. Pour ce dernier, les adultes sont fichus, les faire se détacher de leurs idées préconçues et milles fois avalées est impossible. Par contre, la jeunesse, celle qui l'écoute et l'adule, peut changer, se révéler à elle-même. Il a choisi un auditoire accessible. C'est pour cette même raison que Willy Wonka a, dans le roman, décidé de trouver un enfant pour prendre sa relève dans la chocolaterie : « Il y a des milliers de gens très capables qui donneraient tout au monde pour être à ma place. Mais je ne veux pas de ces gens-là. Je ne veux pas d'une grande personne ici. Un adulte ne m'écouterait pas ; il n'apprendrait rien. Il tenterait de procéder à sa manière et non à la mienne. C'est pourquoi il me faudra un enfant », explique-t-il à son futur successeur, le jeune Charlie. Et l'on relève dans cet extrait le même paradoxe qui poursuit Manson depuis le début de sa carrière : il prône la liberté de pensée et l'épanouissement de soi, tout en se mettant involontairement en position de Dieu que l'on suit et imite.

Autre personnage dont il apprécie la double personnalité : le chat dans le chapeau (*The Cat in the Hat*) du Dr Seuss auquel il emprunta le look (collants rayés et haut-de-forme) à l'époque de *Portrait of an American Family*. C'est un chat malin et parfois pervers créé par Theodor Seuss Geisel pour donner le goût de la lecture aux enfants. Pendant ses aventures, il donne aux enfants le choix de faire le bien ou le mal, alors la vraie nature se dévoile. Voici une citation qui a dû taper dans l'œil de Manson : *Be who you are and say what you feel, because those who mind don't matter and those who matter don't mind* (« Soit qui tu es car ceux que tu intéresses n'en sont pas gênés et ceux que ça gêne ne s'intéressent pas à toi »).

Pour *The Golden Age of Grotesque*, Manson s'est énormément identifié à Oscar Wilde, et il faut admettre que les deux hommes ont beaucoup en commun. C'est grâce à son apparence décadente et son humour fin que Wilde a pu faire passer ses opinions. Et c'est grâce à son look toujours plus surprenant et son éloquence que Manson a pu atteindre la jeunesse. Il explique au *Guardian* : « Oscar Wilde est un héros, pour sa vie, son œuvre et tout ce qu'il a vécu. Je l'ai toujours aimé ainsi que l'esthétique dandy dans sa façon de vivre son art », et ajoute dans *Kerrang !* : « Il a l'esprit le plus aiguisé et acide de tous les écrivains que j'ai lus et je pense que l'on a le même humour noir et sec. Il savait faire tomber les masques et était très drôle. » Il s'est d'ailleurs rebaptisé Arch Dandy pour les besoins de *TGAOG* et utilisait

Oscar Wilde comme pseudonyme pour réserver ses chambres d'hôtel pendant la tournée promotionnelle. Vivre sa vie sans jamais se détacher de son art, mêler la légèreté du divertissement et le sérieux de l'art, c'est ce que Manson tente de faire depuis le début de sa carrière, nostalgique de cette époque où l'on pouvait être l'artiste et l'homme sans discontinuer, où l'esthétique ne se noyait pas dans le quotidien. « Je pense qu'il est temps que quelqu'un produise un divertissement capable d'être utilisé dans le même contexte que l'art. Les deux sont souvent considérés comme antinomiques parce que le comique s'arrête une fois le spectacle terminé, tandis que l'artiste vit son art. L'art est aussi souvent considéré comme quelque chose de prétentieux et d'élitiste, dont la place se trouve dans un musée. Les spectacles, eux, sont plus accessibles. Je voudrais montrer que les deux peuvent se fondre. Bien entendu, je ne suis pas la première personne à les mélanger mais il est important que quelqu'un le fasse aujourd'hui », explique-t-il dans *Hard N'Heavy* (2003). L'art comme raison de vivre, comme moteur de vie. « Je suis totalement différent d'autres performeurs du passé qui ont été oubliés ou qui disent à tout le monde que leur numéro n'est qu'un show [...] Ce n'est pas juste un show pour moi. C'est ma vie. Je vis mon art et je pense que les gens commencent à le comprendre. Ils ne me comprennent pas moi, mais ils commencent à saisir où je me place dans le monde », précise-t-il à *Select* (2002). Voilà qui s'applique à cette phrase tirée de *Phrases et Philosophies* de Oscar Wilde : « On doit être une œuvre d'art ou porter une œuvre d'art. »

Chapitre 12

Religion

« J'ai été tellement traumatisé enfant par tous les récits chrétiens que, arrivé à l'âge adulte, je n'ai pas eu d'autre issue que de punir mes persécuteurs en leur renvoyant cette image d'Antéchrist. Les révélations de saint Jean définissent l'Antéchrist comme quelqu'un qui ne croit pas en Jésus. Sous sa forme moderne, l'Antéchrist c'est le chanteur de rock'n'roll devenu superstar. » Rock & Folk, *1997*

Pour Manson, être religieux signifie s'oublier soi-même. S'effacer derrière des règles, des lois, se mentir, mentir aux autres, faire ce qu'on nous dit. C'est à l'école qu'il décide qu'il ne fera pas partie de ces gens-là. La fin du monde et l'idée de l'Apocalypose le terrorisent. Il en rêve la nuit et y pense toute la journée. Mais plutôt que de fuir ces pensées et de se ranger, il s'y plonge, passe des heures devant des films comme *L'Exorciste* ou *La Malédiction*, lit des livres sur le sujet. Et plus il s'en imprègne, moins il en a peur. Car tout ceci n'est qu'une histoire. Un conte pour faire peur aux enfants et en faire de sages adultes. L'Antéchrist qui l'effrayait tant devient son double, il y range tout ce qu'il y a de sombre en lui et y grandit. Et c'est grâce à son rejet de la religion et des dogmes qu'il devient lui-même, acceptant le bien comme le mal

Ce qui vraiment étrange, d'autant plus pour nous, Européens, c'est avec quel sérieux les frasques de Marilyn Manson sont prises aux Etats-Unis. Des militants chrétiens passent des heures devant les salles de concert à manifester pour faire annuler le show, font des pétitions adressées à leur Gouverneur pour bannir le groupe de leur ville, organisent des réunions et des débats autour du « cas Manson ». La très sérieuse American Family Association perd son temps à faire des déclarations anti-Manson sur son site Internet et à distribuer des prospectus tendancieux aux fans avec des slogans comme « Marilyn Manson encourage les enfants à tuer leurs parents et violer leurs sœurs ». Mais soyons sérieux cinq minutes. Un homme qui déchire des pages de la Bible et se torche les fesses avec est-il autre chose qu'un guignol ? Voilà ce qui fait bien rire Manson. Voir à quel point ces gens, malgré le pouvoir de leur foi, malgré leur nombre impressionnant (faut-il rappeler que, selon *The American Daily*, près de 85 % des Américains sont chrétiens) et surtout malgré le fait qu'ils ont passé l'âge de courir après le méchant monstre, lui donnent de l'importance et du crédit. Sans les réactions exacerbées des parents et responsables politiques, Manson ne serait rien ni personne. Ses provocations tomberaient à l'eau et le Révérend ne vendrait pas de disques.

C'est en regardant la première vidéo du groupe, *Dead to the World*, que cette réflexion s'installe. Elle s'ouvre sur des manifestations et se clôt sur une tirade de la Bible : *« Jesus loves me for The Bible tells me so »*, pas sur une image du groupe, ou de la musique ou un bout d'interview. Non. Elle débute et termine par la religion car à ce stade de sa carrière, Manson a fait de tout ça son fond de commerce. Il peut presque remercier les chrétiens de bien vouloir s'intéresser à lui car ça lui permet de gagner de l'argent (beaucoup), de se faire entendre, et de séduire leurs enfants que l'interdit attire inexorablement. « Manson est le Diable », « Il a le pouvoir de terroriser les gens de cette ville », déclarent tous ces défenseurs de la bonne morale, pendant que sur la séquence suivante, on voit Manson nu se caresser l'entrejambe avec la Bible. Mais cette image est-elle réellement choquante ou juste... risible ? N'est-ce pas de la bonne provocation de base, comme font les enfants qui tirent la langue ou mettent les doigts dans leur nez ? Ce n'est qu'une image. Un clin d'œil. Quant au discours sur scène, Manson ne dit finalement rien de bien méchant : (pointant la Bible) *It says in here, you gotta be saint to go to Heaven. I say, you gotta be yourself to go to hell* (« Ce texte dit qu'il faut être un saint pour aller au paradis. Je réponds qu'il faut être soi-même pour aller en enfer »).

Comme il s'explique dans cette vidéo, le fond de discours n'est pas, en tout cas pour lui, la vraie crainte de tous ces gens qui s'égosillent pour faire annuler les concerts. La vérité, c'est qu'ils sont impuissants face à leurs enfants, qu'ils ne savent pas leur parler et que la *rockstar*, elle, a un pouvoir de parole infinie. « Quand je parle, les gens m'écoutent. Cela me donne du pouvoir sur eux. J'ai vite réalisé qu'être une *rockstar* me donne autant de pouvoir sur les gens que si j'étais président. L'attention des gens te renforce. [...] Ce sont eux qui vous donnent le pouvoir, mais c'est ce que vous en faites qui compte » (*Metal Hammer*). Et c'est tellement plus glamour de se ranger du côté du Diable lorsque l'on vit dans un pays plein de fous accros à la religion, de faux prêtres qui en ont après votre portefeuille et demandent vos dons par télé interposée, un pays où l'on a créé la première église dans laquelle on peut passer en restant dans sa voiture. Vos confessions iront plus vite avec le *drive-in*. Les chrétiens sont *has-been* pour la nouvelle génération américaine. Elle se gave de télé et de cinéma, elle veut du sang et du sexe, elle veut transpirer et se laisser aller. Manson leur apporte ça, à condition qu'ils acceptent de devenir eux-mêmes. Et de faire une croix sur les prières de papa-maman. « Le christianisme est à la base de la faiblesse des Etats-Unis. Tu grandis en culpabilisant d'être quelqu'un, car tout ce qui paraît naturel à un être humain, tout ce qui touche à la luxure et la sexualité est considéré comme un péché. Vous êtes contrôlés en permanence. J'ai appris à en faire mon beurre ; j'ai appris à vivre et j'en suis plus qu'heureux », poursuit-il.

« Qu'est-ce que Dieu ? Dieu existe-t-il ? Je crois que Dieu existe dans la créativité, dans la notion d'individualité chez l'homme, soit le parfait contraire de ce que proclament les religions », déclare Manson au magazine *Hard'n Heavy* en 1998. Redevenir soi-même est l'idée centrale de l'œuvre de Manson. Chaque touche de maquillage, chaque accoutrement, chaque chanson découle d'un besoin d'aller au bout de ses envies. Pour lui, vos seules limites doivent être celles que vous vous êtes imposées. Pas celles de la morale. Pas celles de la religion. Pas celles de vos parents. En disant *« Kill your God »*, Manson ne parle pas d'aller bêtement se battre avec des chrétiens et leurs principes, mais de tuer le Dieu qui est en nous, d'apprendre à se regarder en face. C'est dans *Antichrist Superstar* qu'il en parle le plus, s'appuyant largement sur les écrits de Nietzsche, en particulier *L'Antéchrist*. Le christianisme y est dépeint comme un état de pitié et de faiblesse permanent, où l'on accepte la lâcheté, la médiocrité sous couvert de bonne morale. Pour s'accomplir soi-même, il faut refuser la médiocrité, aller par-delà ses propres limites, par-delà le regard des autres : être soi. « Qu'est-ce qui est plus pernicieux que n'importe quel vice ? La compassion active pour tous les débiles et tous les malvenus – le christianisme » (*L'Antéchrist*, Nietzsche).

Pour autant, et si ça peut paraître contradictoire, Manson se considère lui-même comme très conservateur, voire proche de certaines valeurs chrétiennes : « J'incorpore beaucoup de moralité chrétienne dans ce que je crée et dans le fait que beaucoup de mes croyances sont très conservatrices – comme mon désir de participer à un monde meilleur où les gens utiliseraient plus leur intelligence », confesse-t-il au *NME* (1997). « Les gens sont très surpris de savoir que j'ai ces valeurs. Je pense que ça fait partie de mon rôle. Je n'aime simplement pas la façon dont le christianisme combiné avec l'influence de la télévision a engendré une nation de faiblesse. »

Marilyn Manson est-il sataniste ? Pas au sens où vous l'entendez. Pas au sens du folklore, d'un culte improbable de Satan, de sacrifices d'animaux ou de vierges. Pas de la façon dont les médias souhaitent le faire avaler. Alors qu'il est encore gamin, qu'il écoute les cours et les sermons de son école épiscopalienne, Brian Warner se cherche une identité. Et si possible à l'opposé de ce que l'on cherche à lui imposer. « C'est à ce moment que j'ai commencé à chercher de nouvelles interprétations de Dieu. Et à la base, si tu cherches à te rebeller, ton choix est évident : *heavy metal* et satanisme. Pour moi, Satan représentait la rébellion ultime. Lucifer était l'ange qui fut renvoyé du Paradis parce qu'il voulait être Dieu. A mes yeux, c'était un bien meilleur personnage auquel m'identifier » (www.mansonusa.com). Et mise à part une tentative de pratique de magie noire avec ses potes à l'adolescence, il ne s'est pas vraiment comporté comme le fou furieux adorateur de Satan qui vit dans le noir et parle aux chauve-souris. Il explique dans *The Long Hard Road Out of Hell* : « Le satanisme ne consiste pas à faire des sacrifices rituels, à retourner les tombes ou vénérer le Diable. Le Diable n'existe pas. Le satanisme consiste à se vénérer soi-même, parce que c'est à vous de faire la différence entre le bien et le mal. La guerre du christianisme contre le Diable a toujours été un combat contre les instincts les plus naturels de l'être humain – le sexe, la violence, la satisfaction de ses propres désirs – et la négation de l'appartenance de l'homme à l'espèce humaine. » « [On nous considère comme satanistes] parce que nous avons appelé notre album *Antichrist Superstar* ou à cause de notre look ou notre attitude. Non, nous ne sommes pas satanistes. Je ne crois dans aucune religion organisée », insiste-t-il. Malgré cela, difficile de trouver un article ne parlant pas de « Marilyn Manson, Révérend de l'Eglise de Satan ».

C'est en 1994, et après avoir énormément insisté, qu'il rencontre Anton Szandor LaVey. Il est le fondateur et grand prêtre de l'Eglise de Satan qu'il créa au Walpurgisnacht en 1966 après avoir exercé de nombreux métiers (dompteur de lions, photographe sur les scènes de crimes, hypnotiseur et psychologue). Il est l'auteur de plusieurs écrits exposant son idéologie sataniste et ultra-individualiste dont *Les Carnets du diable*. Si la plupart des satanistes l'idolâtrent et s'abreuvent de ses écrits, d'autres le considèrent plutôt comme un suiveur intelligent qui a su s'approprier des idées et en faire son œuvre. Ces dissidents expliquent que des philosophes et écrivains comme Nietzsche, Jean-Paul Sartre et Albert Camus ont accouché des mêmes notions et d'une façon plus intelligente vingt ans avant lui. On peut reprocher à LaVey d'avoir affirmé que toutes les personnes pensant comme lui étaient des satanistes. En lisant Nietzsche, Sartre et

Camus (Nietzsche était contre toute forme de religion, Sartre était existentialiste, et Camus aussi, dans une certaine mesure), on découvre qu'ils ont mis ces dogmes au sein d'une pensée absolument normale, apolitique, et non sectaire. De plus, l'existentialisme ayant été créé dans les années 40, le satanisme ne peut en être qu'une pâle copie. LaVey agissait alors plus comme un chef charismatique et menteur que comme un philosophe. Il n'aurait rien créé (plus de détails sur le très passionnant http://membres.lycos.fr/mrsigmund).

Revenons-en à Manson qui, en plus de l'admirer, s'en sent extrêmement proche, se reconnaît dans les fondements de sa pensée : l'élitisme intellectuel, le combat contre la bêtise. « Je pense que le satanisme est plus élitiste – l'idée que les hommes ne sont pas égaux et que c'est seulement l'intelligence qui les différencie. Elle ne juge pas les hommes suivant leur race, leur sexe ou leur standing social, il s'agit juste de ce que vous avez à offrir au monde », dit-il dans *Kerrang !* (1997). Les deux hommes sympathisent. LaVey lui donne une carte l'intronisant Ministre de l'Eglise de Satan. Un geste qui alimente toutes les rumeurs et offre aux militants anti-Manson de quoi le faire passer pour un dangereux sataniste. Sauf que cette carte, et même cette église, ce n'est rien d'autre qu'une sorte de club vaguement subversif créé par un homme en son propre nom. Un peu comme si vous formiez votre propre Eglise de Satan et nommiez votre ami Révérend. Est-ce à prendre au sérieux ? A la mort de ce père spirituel, Manson déclara : « Il était un grand ami dont j'ai appris beaucoup et qui me donna le courage d'être ce que je suis aujourd'hui. Je lui dois beaucoup. »

Là où il a fait une erreur au début de sa carrière et par souci de citer un maximum de références, histoire de se donner de la contenance, c'est que Manson a cité comme influence Aleister Crowley. Or, contrairement à LaVay qui n'est au final qu'un gentil gourou, Crowley était un homme dangereux et un vrai sorcier sataniste. De ceux qui aiment le sang. Elevé au sein d'une secte où la lecture quotidienne de la Bible était obligatoire, il a dédié sa vie à contrer les préceptes religieux et moralisateurs. C'est sous le surnom très romanesque de « La Bête 666 » (sa propre mère l'appelait La Bête) qu'il développe le « Magick », sa propre doctrine. Celle-ci mêle tout ce qu'il a trouvé à son goût dans l'hermétisme, la kabbale, l'hindouisme, le bouddhisme et le taoïsme ainsi que des rituels sataniques et sexuels. Certains extrêmement violents : des jeunes filles étaient étouffées dans les entrailles d'un bœuf. En 1904, il achève *Le livre de la lo*i, selon lequel « faire ce qu'on veut sera toute la loi ». Il y développe l'idée d'un individualisme aigu et d'un rejet total du christianisme. Il sera une très grande influence pour LaVey. Quinze ans plus tard, il crée l'abbaye de Thélème à laquelle Manson fait référence dans *Misery Machine* (*Portait of an American Family*) : *We're gonna ride to the Abbey of Thelema*. Il y crée la doctrine totalement anarchiste thélémite, selon laquelle l'homme est libre de faire ce qu'il veut, quand il veut, comme il veut et avec qui il veut. Et il peut tuer quiconque tentera de l'en empêcher. « Je pense qu'il représentait tout ce que le fait d'être le Diable pouvait avoir de bien. Il était une gentille bête qui m'a poussé à rallumer le flambeau qu'il avait allumé longtemps auparavant », explique Manson à *Kerrang !*. Pour la première fois en dix ans, Manson semble ne pas tout à fait maîtriser son sujet.

Chapitre 13

Etats-Unis : Manson, Ennemi Public n°1

Marilyn Manson est définitivement la rock star que l'Amérique aime détester. D'un côté, elle le fait passer pour le Diable en personne, une mauvaise influence pour la jeunesse, un défi pour la bonne morale, un facteur de dépravation et de débauche. De l'autre, il fait les choux gras de la presse qui lui consacre des articles (et donc de la médiatisation) dès que possible.

Depuis la sortie de *Antichrist Superstar*, le groupe collectionne les procès, bannissements, et interdictions de jouer. La musique, que ce soit le rock ou le rap, a toujours eu du fil à retordre avec les associations de la famille américaines (American Family Association) qui multiplient les censures, attisent la haine des parents et diabolisent cette tranche de la culture si populaire chez les jeunes. A tel point qu'il existe aujourd'hui un endroit, appelé le « Freedom Village », qui ne peut que donner froid dans le dos. Il s'agit d'un centre situé à Lakemont aux Etats-Unis qui existe depuis 1981. Il est dirigé par le pasteur Flechter A. Brothers et a pour but de « sauver les jeunes ». Les parents peuvent y laisser leur progéniture en pension pendant un an pour les aider à décrocher de la drogue, de la prostitution, de l'alcool, du suicide. Mais aussi et surtout, du rock. Des parents désespérés de voir leurs gamins écouter du rock les y placent pendant un an pour un programme de lavage de cerveau très sympathique : prière tous les jours, pas de télé sauf une chaîne chrétienne le dimanche, pas de musique sauf des chants religieux, les filles apprennent à faire le ménage et la cuisine, et les garçons se familiarisent avec la mécanique et l'électricité. Le tout étant très soutenu par Georges W. Bush.

L'Amérique face à la musique

En 1997, John Schroder, un jeune Texan de dix-huit ans est arrêté dans une épicerie pour obscénité : il portait un tee-shirt de Marilyn Manson. Ce sera le premier d'une longue série, certains adolescents se sont même fait renvoyer de leur école pour ce genre de « crime ». La même année, le groupe voit la première tentative d'annulation d'un de ses concerts par une association de l'Oklahoma appelée la « Oklahomans for Children and Families ». Puis c'est en Virginie que les autorités essayent d'empêcher le déroulement du show, les accusant de promouvoir le viol, le meurtre et l'automutilation. Le groupe est même parfois payé pour ne pas jouer. Pendant ce temps, et alors qu'il était encore gouverneur du Texas, George W. Bush fait passer une loi pour décourager les maisons de disques à investir de l'argent dans des productions jugées obscènes par les autorités. En 1998, une conférence organisée par le Centre de prévention du crime aux Etats-Unis défend l'idée d'interner de force les fans de Marilyn Manson, et compare les gothiques aux gangs de rue. En février 1999, le même médiateur qui voulait annuler le concert de Manson deux ans plus tôt fait passer une ordonnance interdisant toute performance scénique pornographique si des mineurs sont susceptibles de la voir. Par pornographique, il entend évidemment le fait de venir sur scène en porte-jarretelles, de se frotter les fesses avec quoi que ce soit (un drapeau américain par exemple...) et autres frasques pratiquées régulièrement par le groupe. C'est également en 1999 que les représentants de Georgie et du Dakota du Nord interdisent la vente de CD portant le sticker *« Parental Advisory Explicit Lyrics »* aux mineurs. Dans le Wisconsin, des adolescents doivent montrer leur carte d'identité pour être autorisés à lire le magazine américain *Rolling Stone* à la bibliothèque de leur école. Seuls les majeurs y ont accès. Le sénateur Sam Brownback écrit un courrier à la Seagrams/MCA (la maison-mère de Interscope, maison de disques de Manson) demandant qu'elle « cesse de faire de l'argent en colportant la violence auprès de la jeunesse », et suggérant de ne plus produire Marilyn Manson. Et tout ça ne s'arrête jamais. Quand ce ne sont pas les paroles ou le look du groupe, ce sont les pochettes qui sont condamnées.

Manson face aux procès

Au fil des années, Manson est également devenu un habitué des tribunaux et des plaintes. Il est accusé de tout et n'importe quoi. En 1997, un adolescent de quinze ans se donne la mort en écoutant Antichrist Superstar ; son père tiendra le groupe pour responsable. Le chanteur répondra en prenant l'exemple de Roméo et Juliette, adolescents poussés au suicide par l'ignorance et le manque de communication de leurs parents. « Si vous prenez le temps de parler à vos enfants, ils auront une vie meilleure. »

En 1999, Craig Marks, rédacteur en chef du magazine *Spin* attaque Manson, son label et deux de ses gardes du corps en justice. Il aurait été agressé par ces derniers à la demande de Manson dans les coulisses du Hammerstein Ballroom de Manhattan, suite à son refus de mettre le groupe en couverture. Le chanteur aurait dit, avant le passage à tabac, qu'il pourrait « tuer Marks, sa famille et son entourage » puis, juste après « Voilà ce que tu obtiens quand tu me manques de respect ». L'avocat de Manson nia toute l'histoire : « Nos investigations ont prouvé que ces accusations sont totalement sans fondement. Les témoins présents réfutent les affirmations de Marks. » Ce dernier demandait un million de dollars de dommages et intérêts, ainsi que cinq millions d'amende pour chaque accusé.

En 2000, c'est David Diaz, un agent de sécurité, qui réclame soixante-quinze mille dollars suite au comportement dérangeant du chanteur. Il accuse ce dernier d'avoir attrapé sa tête, de l'avoir coincé entre ses hanches et d'avoir « procédé à un mouvement giratoire » au Historic Orpheum Theater de Minneapolis. Il dira avoir été « humilié, dégradé et avoir du supporter le ridicule et la honte ». Après des mois d'attente et de délibérations, les jurés de la cour fédérale de St-Paul donnèrent raison à Manson, expliquant que l'incident n'était « ni offensant, ni blessant » et que le contact entre lui et l'agent « faisait partie de son spectacle ». Ce genre d'accusation est d'ailleurs assez récurrente pour l'artiste qui se fait régulièrement traîner en justice par les hommes de la sécurité.

En 2002, Jennifer Syme, la petite amie de Keanu Reeves, qui rentrait d'une fête chez le chanteur se tua en voiture. La mère de la jeune fille, Maria St John, porta plainte contre Manson, affirmant qu'il n'aurait jamais dû la laisser conduire après lui avoir donné de la drogue. Manson répondit par le biais de son label, Posthuman Records : « Après que Jennifer ait été renvoyée chez elle avec un chauffeur désigné, c'est elle qui a pris le volant pour des raisons que seule elle connaît. » La cour suprême décide qu'il fut négligent en « la laissant prendre un véhicule motorisé alors qu'elle en était dans l'incapacité ».

En 2003, Manson est tellement vu comme la cause de tous les maux de l'Amérique que des détectives décortiquent le DVD bonus contenu dans *The Golden Age of Grotesque*, alors qu'ils recherchent le meurtrier du jeune Jodi Jones. Le film appelé *Doppelherz* montre le chanteur entraîner deux siamoises dans la forêt à la nuit tombée. La police affirma que ces images pourraient apporter des indices cruciaux : « Nous pensons que ce film peut avoir une signification spéciale [...] Nous pensons que le tueur de Jodi pourrait l'avoir regardé ».

La tragédie de Columbine

Nous sommes le 20 avril 1999. Eric Harris (dix-huit ans) et Dylan Klebold (dix-sept ans) se rendent comme tous les jours à la Columbine High School à Littleton, dans l'Etat de Denver. En plein cours, ils ouvrent le feu sur leurs camarades de classe, tuent treize personnes puis se donnent la mort. Le jour même, des images d'élèves hurlant, pleurant, sautant par les fenêtres font le tour des Etats-Unis et passent en boucles à la télé. Quelques semaines plus tard, Eric et Dylan font leur première couverture du Time. L'enquête menée autour de la fusillade révèlera de bien maigres indices pour comprendre l'acte déraisonné des gamins : ils faisaient partie de la « TrenchCoat Mafia », un groupement d'élèves dissipés de leur école, admiraient Adolf Hitler (et agirent à la date d'anniversaire de ce dernier, né le 20 avril 1889), écoutaient du *metal*, dont Marilyn Manson, KMFDM, Rammstein. Ils menaient une vie normale, n'avaient pas de conflits avec leurs parents.

« Quand j'ai vu ça aux infos télévisées, j'ai tout de suite pensé qu'ils allaient m'accuser de tout ça », explique Manson au *NME*. Et il avait raison. Les autorités américaines décident à l'unanimité de pointer le doigt vers l'homme qui les dérange et parle un peu trop. Manson fait alors les couvertures de tous les magazines et journaux graveleux titrant « Le monstre du rock adulé par les tueurs » ou « Le diable du rock que les jeunes adorent ». L'Amérique entière occulte toutes les questions qu'elle aurait dû se poser autour de ces meurtres, et se concentre sur le nouvel homme à abattre. Les médias ne lanceront pas de débat sur la question du port d'arme à feu dans leur pays, ni sur l'autorité parentale, ou la sécurité dans les écoles. Charlton Heston, acteur et président de la toute-puissante NRA (National Rifle Association) qui rassemble pas moins de 3,6 millions de membres, ne trouvera rien de mieux à dire qu'il lui paraît scandaleux de laisser des élèves portant des imperméables entrer dans les écoles, car on ne sait pas ce qu'ils peuvent cacher dessous. Personne n'essayera vraiment de comprendre ce qu'avaient les deux adolescents dans la tête le jour du massacre. Ce n'est que plusieurs mois plus tard que l'on découvrira que Eric Harris allait très mal, était dépressif et prenait des anxiolytiques. Le 19 avril (donc la veille du drame), il écrivait dans son journal : « Vous qui m'avez humilié, qui avez choisi de me rejeter, qui me traitez comme si je ne valais même pas d'être votre bouche-trou, vous êtes morts. J'ai pris vos vies et la mienne et vous en êtes la cause. » Avec quelques amis, il avait formé la « TrenchCoat Mafia », en réponse à un rejet de la part des autres élèves. Rejetés car différents, ils se sentaient blessés de ne pas s'intégrer et se sentaient incompris. Cela, ajouté à une adoration pour Hitler et une fascination morbide pour les armes et les explosifs, n'a pas suffit aux autorités, parents et policiers, pour comprendre qu'il s'agissait ici d'ados qui pétaient un plomb, et non pas d'une quelconque influence d'un musicien ou d'un film (*Basketball Diaries* et *The Matrix* ont également été mis en cause).

Et curieusement, alors que tout le monde se met en branle et se défoule sur le dos de Manson, ce dernier reste longtemps muet. Il se barricade chez lui, se sent menacé de mort, ressent la haine qu'il l'entoure, voit les journaux le descendre en flèche. « La mort m'attendait à la porte, je le pensais vraiment. Beaucoup de nos concerts étaient annulés, et nous avons écourté la tournée pour la sécurité des fans et la mienne. Il y avait trop d'émotions impliquées. Trop de gens dangereux. J'ai pensé que l'Amérique avait besoin d'un peu de temps pour se calmer », explique-t-il au magazine *Alternative Press* (2000). « C'était une bataille qui ne valait pas le coup de se battre [...] Ils ont trouvé que c'était plus simple de m'attaquer, et je n'allais pas participer au battage qu'ils essayaient de créer. Finalement, les médias ne cherchaient pas à comprendre pourquoi tout cela était arrivé ni pourquoi ce genre de choses arrive. Ça a toujours existé. Ils cherchaient un gros titre à vendre et je n'allais pas leur donner ce qu'ils voulaient », insiste-t-il dans le magazine *Metal Hammer* (2000). Et de conclure dans le *NME* : « Ce qui m'intéresse, c'est le raisonnement de ces gamins. Quelles raisons avons-nous de partir en guerre ? [...] Tuer ne peut pas être justifié par une raison. Le fait que les deux adolescents aient été deux fois en couverture du Times en dit long sur les médias. Car je suis certain que c'est exactement ce qu'ils voulaient. Ils voulaient la célébrité. L'Amérique leur a vendu l'idée que la rubrique nécrologique est juste un autre gros titre. Le divertissement était la chose la plus facile à blâmer, mais il n'y a pas eu besoin que le divertissement s'en mêle pour créer la guerre civile ou Caïn et Abel. L'humanité est prédisposée à la violence. »

Il faudra attendre 2002 et la sortie du *Bowling for Columbine* de Michael Moore pour que les Américains commencent à mettre de l'eau dans leur vin, et à calmer leurs ardeurs. Le film-documentaire leur montre très clairement l'absurdité de nier le vrai problème comportemental des Américains avec les armes à feu tout d'abord, mais surtout les uns face aux autres. A croire que la violence est devenue la seule réponse à leurs problèmes. Il démontre qu'au Canada, les citoyens sont tout autant armés mais ont un taux de criminalité bien inférieur et vivent les portes des maisons déverrouillées. Moore y donne la parole à Manson qui, en deux minutes d'interview, va prouver à tout ceux qui le pointaient du doigt qu'il n'est pas responsable, mais surtout très intelligent.

« Je comprends pourquoi ils m'ont choisi, c'est facile de mettre mon visage à la télé car je suis une bonne image de la peur. Je suis tout ce dont ils ont peur : je fais et dis ce que je veux. Les deux responsables de cette tragédie étaient la violence dans le divertissement et le contrôle des armes à feu. Mais bientôt, il allait falloir enchaîner sur les élections, et tout à coup, tout le monde a oublié Monica Lewinski, tout le monde a oublié que le président balançait des bombes outre-Atlantique. Je suis le *bad guy* parce que je fais du rock'n'roll, mais qui a la plus grosse influence ? Le Président ou Marilyn Manson ? J'aimerais pouvoir dire que c'est moi mais je pense que c'est le Président. » Michael Moore l'informe alors que pendant la journée des événements, le gouvernement a lancé plus de bombes sur le Kosovo que n'importe quel autre jour. « Je sais, et c'est ça qui est ironique. Personne ne se dit que le président peut avoir une influence violente car ce n'est pas comme ça que les médias veulent que ce soit pris. Ils prennent tes sentiments et en font de la peur. Parce que du coup, tu regardes la télé, les *news*, tu te bouffes de la peur, du sang, de la haine, des meurtres entrecoupés d'écrans publicitaires. On te dit : « Achète ceci, achète cela. Si tu as mauvaise haleine, personne ne te parlera, si tu as des boutons, les filles ne voudront pas coucher avec toi », c'est une campagne pour la peur et l'assentiment. C'est vraiment de ça dont il s'agit. Effrayez les gens et ils consommeront. » Pour conclure, et en réponse à la question « Si tu pouvais parler à Eric et Dylan, que leur dirais-tu ? », Manson répond très intelligemment : « Je ne leur dirais pas un mot. J'écouterais ce qu'ils ont à dire. Ce que personne n'a fait. » C'est à partir de la sortie de *Bowling for Columbine* que le grand public commence à vraiment s'intéresser à Manson, non plus uniquement en tant que bête de foire dangereuse mais aussi pour ce qu'il a à dire et ce qu'il fait. Au-delà des fans de base qui se regroupent en soutien à leur idole, ceux qui n'allaient auparavant pas aux concerts et n'achetaient pas les albums s'y mettent par curiosité. Il quitte alors le cercle des gothiques et fans de *metal* et commence à bénéficier malgré lui d'une notoriété plus globale. Il fait son apparition dans la presse *people* (même nos *Voici* et *Gala* s'y mettent), le public se vieillit et s'agrandit.

Les attentats du 11 septembre 2001

Après la chute du World Trade Center, toutes les stars et célébrités y sont allées de leur petit commentaire et/ou message d'encouragement aux familles. Marilyn Manson aurait pu se faire discret. Mais ce serait sans compté sur son habileté à s'approprier des sentiments et à faire de beaux discours. A l'étonnement et parfois la déception de beaucoup, il posta le message suivant sur son site officiel : « Nous savions tous que ce jour arriverait. Mes pensées vont aux familles qui ont perdu des êtres chers. J'ai également des amis à New York, et même ici à Los Angeles, je me sens concerné. La seule chose que l'on puisse faire est de rester solidaires. Si quelque chose de terrible doit arriver pour que nous soyons unis, alors que ce soit ces événements. L'Amérique ne m'a pas toujours soutenu, mais je la soutiendrai sans vergogne. N'oublions jamais la chance que nous avons d'être si libres. » Autant dire que cette déclaration fut recueillie comme un énorme retournement de veste par les fans, et comme de la bonne grosse démagogie par les médias. Quant aux autorités et au peuple américain qui s'étaient déjà fait leur opinion, ces mots ne les ont même pas effleurés. Il renchérit donc par un second message : « J'ai toujours dit que je hais tant et aime tant ce pays. Bien sûr, nous aimerions plus de liberté, mais n'oublions pas ce que nous avons déjà. La liberté de vivre sans la peur. Quand je parle de nous unir, c'est en tant que personnes ayant les mêmes idées et amis. Je ne m'attend pas à ce que ce pays se rassemble à cause de cette tragédie, mais nous le pouvons au moins maintenant. Tout le monde est effrayé et confus, et j'aimerais avoir plus à offrir. Pour le moment, je m'inquiète pour ma famille et mes amis. J'espère que vous serez tous en sécurité. Et pour ceux qui souhaiteraient faire des commentaires ignorants concernant mes sentiments, vous êtes libres mais vous pouvez toujours les donner ailleurs. Même quelqu'un comme moi peut avoir du respect pour les gens tués et ceux qui protègent nos vies. J'espère que le reste d'entre vous en fait autant. » Pour une fois dans sa vie, l'Antéchrist rageur a dû regretter quelques paroles assassines prononcées un peu trop vite.

Chapitre 14

Manson et son image : le businessman, l'artiste, l'homme

Show-business et manipulation médiatique

A l'heure où tous les artistes se font lisser, formater, voire monter de toutes pièces, Manson a réussi un tour de force. Il s'impose avec tout le *package* de la star : le concept, l'image, le discours, le personnage. Personne d'autre que lui ne tire les ficelles de ce grand guignol, ce qui lui permet de rester unique, constamment en marge, de brouiller les pistes de ceux qui voudraient lui ressembler. Impossible donc de diriger Manson. Mais s'il est le premier à critiquer les techniques marketing des maisons de disques où l'on nous vend n'importe quoi pourvu que cela soit bien emballé, il utilise les mêmes ruses. Pour créer son empire, Manson s'est construit habilement, fabriqué un mythe, posé en martyre : l'homme qui comprend ses fans, qui sait ce que des adolescents de dix ans de moins traversent, qui joue le jeu des médias uniquement parce que ça l'amuse. Personne n'osera dire qu'il est un vendu parce qu'il traîne sa gueule d'épouvantail à tous les galas et avant-premières. Il est parvenu à nous faire croire que c'est MTV qui a besoin de lui et pas l'inverse, qu'il ne doit rien à personne. Pourtant, Manson en tant que star est un produit au même titre que Britney Spears et Linkin Park. Sauf qu'il n'est pas manipulé, c'est lui qui manipule.

Ancien journaliste, il sait mener une interview comme il l'entend. Il cale les réponses qu'il a prévues, peu importent les questions qu'on lui pose, l'important est que le message soit bien passé. Avec cette particularité qui démontre l'étendue de son intelligence : il exprime à chaque fois la même idée d'une manière différente. La même réponse sera donnée cent fois en variant les mots, les expressions, en se donnant toujours l'air de réfléchir pour ne pas froisser le reporter. Et bien entendu, en plaçant une petite pointe d'humour. Poli, posé, calme, il écoute patiemment son interlocuteur, sourit, le regarde dans les yeux. « Les gens ont remarqué, et je m'en suis rendu compte aussi, qu'il arrive que l'on me pose une question et que je réponde à de multiples autres questions d'affilée mais pas à celle de départ. Je sais comment les médias fonctionnent et c'est le moyen de dire ce que j'ai à dire », dit-il dans *Q* (2003).

Pour être perçu comme une *rock star*, il a compris qu'il n'y a qu'une manière de procéder : se comporter comme tel. Faire parler de soi comme de quelqu'un d'important, citer des références solides, avoir l'air sûr de soi, imposer un look et une patte. Le succès de *Sweet Dreams* en 1995 va le conforter dans cette position, comme s'il sentait que le monde lui appartenait déjà. Il aura raison puisque seulement deux ans après ses premiers pas dans le monde du rock, il va se faire une place de choix avec *Antichrist Superstar*, qui entre directement en troisième position du Billboard US. Il n'est donc pas question de relâcher la pression. Il se permet alors de minimiser l'indispensabilité de Reznor, enchaîne les déclarations fracassantes et photos scabreuses dans la presse. Le but est de faire de la pub au groupe, bonne ou mauvaise. Il pose pour des photos pornographiques macabres, s'incruste auprès de plus grosses stars que lui dès qu'un photographe est dans le coin. Profite du tremplin que lui offrent l'album et la tournée qui suit pour sortir rapidement une autobiographie (*The Long Hard Road Out of Hell*) et une vidéo (*Dead to the World*). Manson est un homme pressé et ambitieux qui saute sur toutes les occasions pour exister dans les flashes des *news*, les rayons des magasins, les médias, les cours de lycées. Il ne doit sous aucun prétexte disparaître des esprits. La technique fonctionne depuis presque dix ans, aucune raison donc de changer. Pour ce qui est des clips, il fait en sorte de toujours rester dans le choquant, le lugubre mais sans jamais être censuré. Tout est sur le

Manson et Twiggy sur la scène du Dynamo Festival à Eindhoven (Hollande), le 18 mai 1997

Manson sur son trône lors du *Grotesk Burlesk Tour,* le 28 novembre 2003 à Bercy.

« This the new shit », Bercy, le 28 novembre 2003.

© Carole Epinette

En tee-shirt Jean-Paul Gauthier dans un studio New-Yorkais.

« Fight song » sur la scène du Blue Cross Arena de Rochester, le 19 novembre 2000.

© Carole Epinette

Manson enflamme le Zénith de Paris, le 25 janvier 2001.

© Carole Epinette
Retour au look total-noir.

© Carole Epinette

John 5.

Presque souriant, le 28 novembre 2003

© Carole Epinette

Le regretté Twiggy Ramirez parti rejoindre *A perfect Circle.*

© Carole Epinette
Blue Cross Arena, Rochester, le 19 novembre 2000.

© Carole Epinette

Manson dans son imitation de Ozzy Osbourne.

Tenue de soirée pour une session photo, New York, 1998.

Pendant la tournée *« Guns, God and Government Tour »* avec la pochette de *« Disposable Teens »* en fond de scène.

Concert donné à Minneapolis, le soir de Halloween, le 31 octobre 1998.

© Carole Epinette
Dix minutes plus tôt, le groupe recevait des poignées de boue par le public.

fil, ni trop sexuel, ni trop mièvre, ni trop sanglant, ni trop innocent. Un véritable exploit, preuve qu'il sait exactement ce que les fans, mais aussi et surtout les médias attendent de lui. Par contre, peu lui importe que les pochettes d'album soient censurées, d'une part parce qu'il suffit d'en faire une nouvelle pour apparaître dans les bacs, d'autre part parce que ça fait toujours parler de lui. Une mauvaise publicité est une publicité quand même.

En 1998, à la sortie de *Mechanical Animals*, il tente vainement de se passer des médias, désirant se focaliser sur Internet où il est libre de ses paroles et ne subit aucune restriction. Il déclare alors en page d'accueil du www.marilynmanson.net : « Ce site est le seul endroit de notre propre univers où nous pouvons communiquer sans aucune censure et trouver ce que nous pouvons appeler la vérité. » Coup d'épée dans l'eau qu'il justifiera plus tard (dans la presse...) en disant qu'il souhaitait contrôler au maximum les informations sur cet album, mais a réalisé que l'on ne peut rien faire (comprendre « vendre ») sans promotion.

Apparence et marketing

Pour se différencier des groupes de sa génération qui, trop souvent, se partagent un neurone à cinq, Manson a immédiatement fait en sorte d'être différent : un artiste complet et sans failles, extrêmement cultivé. Mais nous sommes en droit de nous demander si toutes ses citations à grand renfort de références philosophiques et littéraires ne sont pas qu'une façade bien étudiée. Car il a beau parlé de multiples époques, personnalités, œuvres, il ne se trompe jamais ni dans les dates, ni dans l'histoire. A croire qu'il se prépare de jolies petites fiches pour épater la galerie, d'autant que souvent, les réponses qu'il donne en étalant sa culture ne répondent absolument pas aux questions posées.

A chaque sortie d'album, il s'invente des passions de toujours dont il n'a évidemment jamais parlé : l'Apocalypse, les drogues, les tarots, la numérologie, la kabbale, le dadaïsme, le Berlin des années 20, Dali, le cinéma européen... Idem pour ses multiples collections adaptées au personnage qu'il souhaite incarner et à ce que le public attend de lui : les prothèses, les animaux empaillés. Dans *Q*, il admet à demi-mot : « Je suis certain que les gens qui veulent entendre parler de ma maison s'attendent à ce qu'elle soit très gothique. Je collectionne les instruments médicaux et la taxidermie [...] Ce que je collectionne le plus sont les livres. J'ai une bibliothèque entière au sous-sol, c'est mon péché mignon. » En quelques lignes, il a réhabilité le Manson de rigueur : sombre, étrange, cultivé. Cette interview date de 2003, il n'y fait aucune référence à sa supposée collection de prothèses alors qu'en 1997, il se débrouillait pour en parler dans chacune de ses interviews, allant jusqu'à poser avec pour des photos.

S'il est parfaitement conscient de devoir une grande part de sa réussite au poids seul de ses métamorphoses, il sait s'en débarrasser aussi vite qu'il les a créées. Il aurait pu se complaire dans la peau de l'Antéchrist pendant des années, poursuivre tranquillement sa carrière sur les fans acquis, mais cela est en-dessous de son besoin de satisfaction. Après une victoire, Manson s'ennuie. Ce n'est pas tant pour gagner un plus grand auditoire qu'il se métamorphose sans cesse mais pour lui-même. Chaque chute est un nouveau lancement. Et tant qu'à faire, le fossé entre chaque personnage doit être le plus large possible. Aucune transition entre l'Antéchrist et Omega, Mercure et Arch Dandy. Sa meilleure arme reste la surprise. Et chaque surprise doit garder sa part de provocation. Le but est de toujours rester du côté des méchants, comme il l'explique dans le même magazine : « L'Amérique aime choisir son ennemi et s'acharner contre lui. Je me suis placé en ennemi avec *Antichrist Superstar*. Je n'ai pas choisi ce titre innocemment, en me disant que cela ne dérangerait personne. Je voulais être le méchant parce qu'ils sont plus attirants et ont toujours les plus jolies filles, je les ai toujours préférés quand j'étais enfant. »

Il sait que l'Amérique est facile à titiller, même avec de la provocation grossière et facile. Il connaît les cibles à atteindre, celles qui fâchent à tous les coups, la religion en tête de file. C'est donc par là qu'il commence, assaisonnant ses discours acides de quelques touche-pipi bien placés. Il se forge la meilleure campagne marketing, celle où l'on vous parle d'un artiste interdit controversé. Et c'est bien connu, tout ce qui est interdit donne envie, l'on se précipite pour voir la bête curieuse, goûter à ses ruisseaux de sang, sentir la chaleur d'un drapeau américain qui brûle, réduire en miettes des pages de la Bible déchirée avec jouissance. Autres arguments de vente auxquels les ados en mal de frisson et de rébellion *light* ne peuvent résister : les rumeurs. Des plus folles aux plus stupides, Manson les répète dans chaque interview, voire les invente de toutes pièces : il se serait fait enlever des côtes pour pouvoir pratiquer l'auto-fellation, torturerait animaux, femmes et enfants sur scène, vénérerait le Diable, serait le Diable, ferait l'amour avec ses musiciens en concert... Ou comment éveiller la curiosité à moindre frais. Mais la provocation facile a ses limites. L'interprétation de certains morceaux en concert derrière un pupitre, le poing levé, soutenu par les cris quasi-militaires de fans en transe et l'utilisation du Shock Logo (la flèche dans le rond) suffisent aux médias pour le faire passer pour un fasciste camouflé. Pour ce qui est du Shock Logo, s'il n'est absolument pas un symbole fasciste (« S'ils ne savent pas faire la différence entre une croix nazie et le symbole de l'électricité, ce n'est pas à moi de le leur apprendre », déclare-t-il dans *Select*), il prouve par contre que Manson pioche grossièrement dans le répertoire de David Bowie : la flèche est celle que l'on retrouve sur son œil, sur la pochette de l'album *Aladdin Sane*. Pour ce qui est de l'image, il est vrai que le groupe n'a pas toujours été de première finesse. Le chanteur explique dans *The Long Hard Road Out of Hell* que lors de leurs premiers concerts, une fille entrait sur scène, un oreiller sous son tee-shirt, comme si elle était enceinte. Elle repassait un drapeau nazi froissé, puis un peu plus tard dans le show, simulait un avortement sur la planche à repasser, enveloppait le faux fœtus dans le drapeau et le présentait en offrande à une télévision allumée. Ce message est supposé signifier que la télé est un moyen de communication fasciste et que la famille américaine moyenne lui sacrifie ses enfants. Pas évident à comprendre. Et il est vrai qu'une salle de 10 000 mômes s'égosillant, réagissant au moindre geste de son idole comme à un ordre, levant tous le bras sans trop se rendre compte à quel point cela rappelle les hordes aux pieds de Hitler fait vraiment peur. Ce à quoi le principal intéressé répond : « Je mène un groupe de personnes en me moquant du fascisme et, en même temps, elles nourrissent exactement ce qu'est le fascisme. Pour moi, c'est un commentaire sur le rock'n'roll. Dire que le rock'n'roll est aussi néfaste que les choses contre lesquelles il se bat. »

L'homme derrière l'artiste

S'il n'est pas prisonnier des ses personnages, Manson s'est volontairement enfermé dans une image dont il ne pourra sans doute jamais sortir. Déjà en 1996, il déclarait au magazine *Guitar World* : « Même si j'aime beaucoup la musique de Alice Cooper, j'ai toujours été un peu déçu par le gouffre qu'il y a entre son personnage de scène et ce qui il est dans la vie. C'est une grande déception pour moi depuis toujours, car je ne me comporte pas différemment dans les deux cas. » Il souhaite garder en permanence l'image du chanteur qui dérange, qui est prêt à tout, à moitié fou. Celui dont chaque concert doit être un dédale de sang, violence, déclarations séditieuses, sexe. L'hypothèse d'un concert simple est à abolir. Résultat, la fatigue sur scène se fait sentir, le spectacle se fait en pilote automatique depuis quelques années. Pour la tournée « Grotesk Burlesk » (en 2003, pour *The Golden Age of Grotesque*), on approche de l'overdose de mise en scène. Entre les danseuses, les décors, les déguisements, les effets de style et les introductions de chansons inchangées (le fameux *How does it feel to one of the beautiful people ?* asséné pendant quatre ans...), la spontanéité s'est totalement perdue. Manson n'a pas le droit de décevoir, en tous cas par sur l'apparence, car côté chant, cela fait longtemps que le niveau est très moyen, mais ça n'a pas l'air de déranger grand monde. Tant que l'on a droit à une scarification, un frottage de fesses sur le pied de micro, quelques crachats et une guitare brisée, le public est content. Pas d'inquiétude sur le spectacle, Manson sait le faire et plutôt bien. Sur scène, il est transfiguré. L'homme presque timide dans la vie devient une machine de guerre.

Rien à voir avec le grand garçon timide et maladroit qui paraît gêné dès qu'il est en public pour autre chose que faire son travail. Les caméras de MTV l'ont suivi en tournée promotionnelle au Japon (*Diary of Marilyn Manson*), et l'on découvre quelqu'un de tout à fait différent. Loin de la mise en scène calculée des DVD et vidéos, de l'esthétique parfaite des clips, il apparaît en être humain normal, en jean et petite veste en cuir, mal à l'aise, fatigué. Lorsqu'il monte sur scène dans un amphithéâtre, accompagné d'une journaliste japonaise et d'une traductrice qui font trente centimètres de moins que lui, on aurait presque envie de voler à son secours tant le masque de l'homme indestructible tombe. Idem à la soirée privée donnée pour la sortie de *The Golden Age of Grotesque* dans une boîte de strip-tease parisienne. Alors que la salle est bondée et attend de pied ferme le surnommé Arch Dandy of Dada, tout le monde s'attend à voir une bête de foire, un monstre, un géant, un fou. Mais c'est un Manson discret et élégant qui fait son apparition, le micro à la main. Il se contente de dire, le regard dans le vague, les gestes gauches trahissant un désir d'en finir au plus vite : « Merci d'être venu, voici mon nouveau clip », avant de faire demi-tour et de remonter les marches qu'il venait de descendre. Une impression soudaine de se retrouver dans un supermarché où l'employé censé faire la démonstration à un coup de trac de dernière minute. Manson n'est pas un homme public, c'est un artiste dont l'art est une carapace. L'homme qu'il est n'existe plus depuis qu'il est devenu Marilyn Manson. « Je ne veux pas que qui que ce soit me dise qu'il m'aime pour ce que je suis et non pas parce que je suis Marilyn Manson [...] Pendant des années des gens m'ont dit ça en pensant me faire un compliment. Je comprends ce qu'ils veulent dire, qu'ils ne m'aiment pas à cause de ma célébrité. Mais lorsqu'ils disent que ce n'est pas parce que je suis Marilyn Manson, cela prouve qu'ils ne me comprennent pas » (*Q*, 2003).

Chapitre 15

J'aurais voulu être un artiste

« Les artistes. C'est une race totalement différente des autres êtres humains. Leurs émotions, tous leurs sentiments, leurs réactions sont opposés à ceux que l'on considère comme " normaux ". Ils sont vulnérables, profondément sensibles grâce à leur talent, leur grande imagination, leur connaissance des influences cachées que les êtres humains ne connaissent pas. [...] Les écrivains, compositeurs, peintres - également les artistes tels que les réalisateurs, acteurs, font partie de cette catégorie [...] Toutes leurs réactions sont poussées à l'extrême comparé aux humains non-artistes » (www.marilynmanson.com)

Ainsi s'ouvre le journal de bord de Marilyn Manson. L'homme le répète depuis des années, son imagination n'a pas de limite, son besoin de créer et de se réinventer lui-même non plus. Seulement, si lui se considère comme un artiste, l'Amérique en a décidé autrement. Et ça fait maintenant dix ans que Manson joue à se surpasser, à passer d'un art à l'autre, à apprendre, à surprendre. Sa plus belle œuvre d'art reste à ce jour lui-même, et comme tous les artistes, il ne parvient pas à la terminer. Artiste, le petit Brian Warner désirait déjà l'être sur les bancs de l'école...

L'un des chapitres de *The Long Hard Road Out of Hell* s'ouvre sur une citation de George Orwell à laquelle Manson s'identifie entièrement : « Certes j'étais solitaire et, très vite, j'ai pris des attitudes désagréables qui me rendirent impopulaires. J'étais à l'école, comme tous les enfants uniques, je me racontais des histoires et je parlais tout seul à des personnages tout droit sortis de mon imagination [...] Je m'étais créé mon propre monde dans lequel j'arrivais à faire face à mes angoisses. » L'adolescent seul et frustré a besoin de s'exprimer, de se sentir vivant et de créer, mais ce n'est pas avec la musique qu'il fait ses premières armes. « Quand vous avez des amis, vous montez un groupe. Lorsque vous êtes seuls, vous écrivez », explique-t-il dans *The Long Hard Road Out of Hell.* Il rédige donc des nouvelles et des poèmes plutôt tordus qu'il envoie à un magazine d'horreur et science-fiction, *Night Terrors Magazine.* Certains sont lisibles dans son autobiographie, et personne ne blâmera John Glazer, le rédacteur en chef du magazine en question, de les avoir rejetés. Il s'inscrit ensuite à des cours de théâtre et de journalisme. Des premiers, il a indubitablement appris à gérer l'espace sur scène ; grâce aux seconds, il devient pigiste pour le magazine *25th Parrallel.* Et c'est en interviewant divers groupes qu'il décide de passer de l'autre côté de la barrière et finit par former Marilyn Manson and The Spooky Kids.

Mais si Manson a pris le rôle de chanteur, ce n'est pas pour rendre hommage à sa voix, somme toute assez banale. Il a juste besoin d'être le centre de ce qu'il crée. D'être celui qui écrit, ficelle, arrange. De maîtriser chaque aspect de sa musique pour être sûr qu'elle lui appartient. Sa participation à la musique en temps que musicien ou compositeur est quasi inexistante et il en est largement conscient. Il y a un gouffre entre la position que lui donne son image et son importance réelle en ce qui concerne la musique, alors il sait s'entourer des gens qu'il faut (Trent Reznor, Twiggy Ramirez, John 5, Tim Skold) à qui il laisse la liberté nécessaire mais pas plus. Toute personne acceptant d'intégrer l'aventure Marilyn Manson doit savoir s'effacer, rester sagement en retrait et faire son travail sans broncher. Manson a besoin non seulement de diriger, mais surtout de ne pas être contredit : cette rigidité résulte probablement de ses doutes personnels sur sa qualité de musicien. Pourtant, il est crédité pour tous les morceaux, et va jusqu'à produire *The Golden Age of Grotesque* aux côtés de Tim Skold qui a certainement abattu 90 % du boulot.

C'est surtout à partir de *Antichrist Superstar* que l'on comprend ce qu'il veut dire lorsqu'il parle de pratiquer « l'art global ». Car plus que de la musique, Manson crée, à chaque album, un univers, une identité. Il s'invente un personnage qui règne en maître sur un monde plein de ce qu'il a en lui au moment où il écrit. Il gère et contrôle alors tous les aspects artistiques du disque : l'écriture des paroles, de la musique, le visuel, le son, les clips, les photos, la mise en scène pour les tournées. En ça, l'art quitte la simple musique et devient un ensemble. Prenons juste les pochettes des albums. Celle de *Portrait of an American Family* exprime en une image toute l'aversion de Manson pour le peuple américain qui se range comme un mouton, celui qui est fier de cacher un revolver dans le placard de sa chambre, celui qui se gave de télévision et de bière. Celle de *Mechanical Animals* nous fait sentir l'atmosphère du disque en une seconde, la légèreté, l'insécurité de cet album. Et ainsi de suite. L'image est l'un des nerfs de l'œuvre de Manson et il se considère lui-même comme tel. « Il n'y a rien de naturel chez moi. Je fais en sorte de modifier mon corps, que ce soit par la coloration, la scarification, la chirurgie esthétique, toutes sortes de choses pour ressembler de moins en moins à celui que j'étais », déclare-t-il au magazine *Metal Edge*. « Tout ce que je fais et porte est cosmétique ; en ce sens, je suis la définition même de l'artifice. Je suis tellement faux que je ne le suis plus », ajoute-t-il dans *Q*. Son corps et sa vie comme œuvre d'art, cela ne peut que plaire à celui qui a modestement écrit sur son site officiel : « Nous ne pouvons devenir ce que nous sommes vraiment que lorsque nous nous détachons de ce que les autres veulent nous convaincre d'être. Nous ne suivrons pas de religion, nous en sommes une. Et la compréhension de mon art est seulement le triste produit du journalisme. *Fuck* l'art, je suis l'art. »

Le cinéma

« J'adore travailler pour le cinéma, que ce soit en tournant dans des films ou en participant aux bandes originales », lit-on dans *Hard'n Heavy* en 2003. Mais si Manson adore le cinéma, on ne peut malheureusement pas dire que ce soit réciproque. En 1997, alors qu'il assure la promotion de *Antichrist Superstar*, il explique au magazine *Rock & Folk* : « Il s'agit en fait de la bande-son d'un film à venir, l'autobiographie totale d'un homme branché sur son passé et son futur, à travers des rêves, ou des expériences sous drogue. L'histoire d'un homme qui cherche à manipuler ses souvenirs et son avenir pour devenir un autre. » On ne verra jamais ce film, ni celui annoncé un an plus tard, mais cette fois rattaché à *Mechanical Animals* : « C'est en quelque sorte le synopsis d'un film auquel je vais m'atteler l'année prochaine, un truc dans la tradition rock-opéra d'un *Tommy* ou d'un *The Wall*, dont je serai à la fois le scénariste et l'interprète principal. Pour la mise en scène, les négociations sont en cours... » Il précise dans *Select* : « Il sera très visuel mais aussi une fable sur la célébrité, la beauté, la destruction et la transformation. » Rebelote deux ans plus tard pour *Holy Wood*, mais cette fois, il y ajoute un livre : « Quand l'album sera sorti, un livre suivra et peut être un film [...] Au départ, je souhaitais faire le film en même temps que l'album. Il y avait plein de gens intéressés pour travailler avec moi, mais le contenu était trop controversé, à la fois politiquement et religieusement, et violent » (*Alternative Press*, 2000). Il ajoute sur le www.nyrock.com : « C'est une sorte de *road-movie*, mais un *road-movie* plutôt révolutionnaire. Une personne part en voyage, et c'est un voyage révolutionnaire. » Que le film ne soit jamais sorti est compréhensible, vu son contenu, mais le fait qu'aucun livre ne soit sorti est vraiment très étonnant. Car si le tournage d'un film nécessite une participation ou un soutien extérieur, la rédaction d'un livre est nettement plus simple. D'autant qu'en 2000, le statut de Manson lui garantit de faire un best-seller quoi qu'il écrive. Il aurait par exemple pu faire appel à un journaliste ou un écrivain pour l'aider, comme il l'a fait pour *The Long Hard Road Out of Hell*. Doit-on voir ici un projet avorté pour manque de temps, ou un mensonge à la presse pour faire gonfler les articles ? Manson devenu star découvre sans doute à ce moment ce que sont les impératifs commerciaux des maisons de disques : pas le temps pour le loisir, il faut enchaîner les albums et les tournées.

Il y a fort à parier que la frustration doit être grande, d'autant plus pour quelqu'un dont l'appétit créateur est sans limite. « Je pense à tellement de choses en même temps que je ne peux pas les expliquer. Je pense à une histoire, une image, à de la musique, tout en même temps » (*NME*, 2000). Du coup, les seuls rapports qu'a eus Marilyn Manson avec le cinéma sont quelques apparitions rapides. Le premier à lui avoir proposé un (minuscule) rôle fut David Lynch dans *Lost Highway* (1997). La scène dure cinq secondes : on voit Manson et Twiggy Ramirez nus, Manson s'écroule. Coupez, c'est dans la boîte. Puis, grâce à sa petite amie de l'époque, Rose McGowan, on le voit furtivement dans *Jawbreaker* (1999), le genre de navet américain qu'il doit exécrer dans la vie. Affublé d'une moustache ridicule et d'un look ringard, il est dragué par sa bien-aimée dans un bar et se retrouve dans son lit pour quelques cabrioles. Plus dernièrement, il a participé à *Party Monster* aux côtés de Macaulay Culkin. Il y interprète le rôle de Christina, un travesti aux longs cheveux blonds. Rien de bien folichon. Voilà un bon exemple de comment est perçu le travail de Manson aux USA. Mis à part quand il passe pour un dangereux militant du Diable, il n'est absolument pas pris au sérieux, ce que Manson commente avec humour dans *Hard'n Heavy* : « L'Amérique s'attarde sur mon côté choquant et me limite souvent à ça, ce que je ne trouve pas insultant par ailleurs. Les Européens ont une meilleure compréhension de mon travail [...] Les Américains sont idiots, et je suis assez sensé pour m'en apercevoir. » Au final, son meilleur rôle reste encore d'être lui-même, comme dans le documentaire de Michael Moore *Bowling for Columbine*. Rôle qui a commencé à le réconcilier avec quelques-uns de ses détracteurs.

En lot de consolation, et puisqu'il semble destiné à satisfaire seul ses envies cinématographiques, il s'est consolé en s'attelant au montage du DVD *Guns, God and Government Tour* (voir chapitre 9). Le DVD n'est pas spécialement original et colle parfaitement à la demande du public : un côté clip MTV. Intelligemment, il se débrouille pour sortir un produit dont il est assuré de retirer de l'argent, ce qui lui permet de s'offrir quelques folies comme *Doppelherz*, le court-métrage qu'il a réalisé, disponible sur *The Golden Age of Grotesque*.

La peinture

« J'ai commencé par peindre pour moi et faire quelques portraits pour des amis, en cadeau. Les gens me disaient sans cesse que je devrais faire une exposition. Je ne me suis jamais dit : " Je suis célèbre et je vais essayer de gagner de l'argent en plus ", car je peignais bien avant de chanter. Et je suis probablement meilleur peintre que chanteur pour beaucoup de gens » (mtv.com). Après la sortie de *Holy Wood* et la fin de la tournée, Manson s'ennuie. L'occasion rêvée pour se remettre à une vieille passion : la peinture. C'est sur son site Internet qu'il diffuse ses premières « œuvres », des aquarelles très colorées et plus ou moins subversives. Il admet avoir commencé par peindre en noir et gris, selon son esprit sombre, jusqu'au jour où, par accident, il trempa son pinceau dans son verre d'absinthe au lieu de le tremper dans l'eau sale. La couleur vert pâle qui s'étale sur son tableau lui plaît, il se met alors aux couleurs, découvrant toute la palette émotionnelle qu'elle permet d'utiliser. « La boîte de peinture que j'utilise est la plupart du temps une boîte en métal de *Alice au pays des merveilles* que j'ai depuis l'enfance. Je me sers également d'un kit utilisé par les entrepreneurs de pompes funèbres pour maquiller les cadavres qui date des années 20 », explique-t-il sur le www.mtv.com.

C'est pendant son enfance, au collège, qu'il se découvre un talent pour la peinture. Il commence dans ses cahiers d'école en réinterprétant des pochettes d'albums de Iron Maiden et toutes les fantaisies qui lui passent par la tête. Il faudra une dizaine d'années pour qu'il s'y remette sérieusement. Sa première exposition a eu lieu à la galerie Contemporary Exhibitions de Los Angeles sous le nom de The Golden Age of Grotesque (en prélude à son nouvel album) où furent conviés bon nombre de stars comme Dave Navarro (Jane's Addiction), David Silveria (Korn), la famille Osbourne, Flea (Red Hot Chili Peppers) qui sont tous repartis avec leur petite œuvre sous le bras.

Après une première diffusion via le site officiel du groupe, c'est dans le magazine *Rolling Stone* qu'apparurent ses toiles pour la première fois. La plus célèbre est celle représentant les têtes de Eric Harris et Dylan Klebold, les deux responsables de la tuerie de Columbine.

L'art comme raison d'être

« Quand j'ai commencé tout ça, j'avais peur de me considérer comme un artiste parce que l'art sonne prétentieux, comme quelque chose qui est réservé à une élite. D'un autre côté, si tu dis que tu es un divertisseur, les gens pensent que ce que tu fais n'est pas artistique. Je pense être la personne idéale pour combiner les deux, et que le fait de divertir les gens est un grand art en lui-même. » (*Total ADdict*, 2003)

Parce qu'il n'associe son nom qu'avec des artistes talentueux et respectés, Manson se doit de placer la barre toujours plus haut le concernant. Quitte à en faire parfois trop. Ses interviews démontrent une intelligence surprenante, ses phrases sont parfaites, naturellement sensées et percutantes. Il parvient à assurer des centaines d'interviews sur le même sujet (à une sortie d'album par exemple) en variant les arguments, les raisonnements et le vocabulaire. En faisant croire au journaliste que sa question est pertinente même si cela fait cinquante fois qu'il y répond. Sa culture est foisonnante, et il ne lésine pas sur les références de tout bord pour parler de sa musique. Et cela va en augmentant avec le temps. S'il a toujours dit avoir écouté Kiss, Alice Cooper et Iron Maiden, il décide en 2003 de déclarer dans le magazine *Q* : « Les gens supposent que j'écoute du *metal* à longueur de journée. Je méprise le *metal.* » Réponse aberrante et plus que surprenante. A croire que le *metal* n'est plus assez bien pour le chanteur qui est passé à autre chose. Il continue : « [La dernière chose que j'ai écoutée] était des enregistrements de Salvador Dali et Billie Holiday ». Nettement plus chic, mais cela sonne faux. De la même façon, lorsqu'il dit « ne pas se considérer comme un musicien », on peut anticiper que cela signifie quelque chose comme « je suis au-dessus de la musique, je suis un artiste ». Il ne serait pas étonnant qu'il lâche la musique pour une autre forme d'art quand l'occasion lui en sera donnée, c'est-à-dire quand l'Amérique acceptera de lui donner un statut d'artiste et non plus de rocker. On le voit bien devenir un des ces artistes comme David Lynch ou Woody Allen qui ne se voient bien accueillis qu'en Europe, et en particulier en France. La peur de ne pas être pris au sérieux le pousse à chercher des influences de plus en plus pointue, des attitudes pseudo-*arty* nécessaires à l'évolution de son mythe et de son personnage. Par exemple, il affirme que le morceau *The Golden Age of Grotesque* sur l'album du même nom fut joué sur un piano en feu. Ce piano aurait été laissé dans les rues de South Central (un des quartiers les plus chauds de Los Angeles). Lorsqu'on lui demande quelle fut la réaction des gens, sa réponse montre, si l'on la prend au second degré, qu'il est conscient d'en avoir beaucoup trop rajouté pour être crédible : « Je crois qu'un clochard y a fait chauffer un hot-dog. » L'art chez lui ne fait pas simplement partie des meubles. En plus de s'en imprégner, il a un besoin irrépressible de tous les pratiquer, avec plus ou moins de talent. Après s'être essayé à l'écriture (*The Long Hard Road Out of Hell*, qui fait par ailleurs plus figure de conte fantastique que de biographie), à la peinture, à la réalisation, à la production (*The Golden Age of Grotesque*), il a testé la photo. D'abord en amateur pour *Playboy*, où il photographie sa petite amie Dita Von Teese. Les photos sont tellement réussies que l'une d'entre elles fera la couverture du magazine. Puis il travaille en collaboration avec Gottfired Helwein sur le visuel de *The Golden Age* et réalise certaines photos du livret.

S'il finira bien par devenir un artiste complet, il y a une chose qu'il ne sera jamais : un bon businessman. Dans sa frénésie de tout essayer à tout prix, il fonde son propre label, Pothuman Records, en 2000. Première erreur, le label est distribué par Priority Records, spécialisé dans le *hip-hop*. Sa première signature est le très mauvais groupe de *metal* gothique Godhead, sorte de sous-Manson qui n'aura pas de succès. Jason Miller, chanteur du groupe, aura beau tenter d'attirer les fans à coup de déclarations choc, (« Manson et moi avons le même passé. Il comprend d'où je viens, je comprends d'où il vient. C'est comme si on venait du même endroit », *Kerrang !*, 2000) et de références habilement choisies (« Nous nous inspirons de Nietzsche, Anton LaVey et Crowley pour nos morceaux »), la sauce ne prendra pas. Les fans du Révérend n'acceptent pas les sous-produits ni la médiocrité, c'est leur idole qui le leur a appris. Le groupe assurera même la première partie de la tournée pour *Holy Wood*. La seconde production de Posthuman Records sera la bande originale de *Blair-Witch 2*. Après le sous-groupe, la BO du sous-film. Deuxième erreur. Le label est à présent fermé sans grande explication de Manson, qui ne supporte pas de parler de ses échecs.

Chapitre 16

Fan de Manson

Rédigé avec l'aide du docteur Stéphane Clerget, pédopsychiatre et psychologue basé à Paris, auteur de *Adolescents, la crise nécessaire*, aux éditions Fayard.

Parce qu'il a su se poser en porte-parole d'une génération abandonnée par Kurt Cobain et totalement perdue, Manson est devenu tout d'abord le grand frère protecteur puis le Dieu tout-puissant de centaines de milliers de fans tous dévoués à sa cause. La « génération X », comme aiment l'appeler les médias, celle des adolescents largués, en mal de repères, d'un soutien à la hauteur de leurs maux. C'est par là que l'envahissement a commencé. Le milieu gothique l'a rapidement adopté, en faisait un porte-drapeau sombre et à la fois flamboyant, intelligible, facilement assimilable. Manson a saisi les codes et couleurs de ceux qui ouvriront les vannes et lui permettront, plus tard, de s'étendre. Les premiers fans, touchés au cœur par cette explosion de haine qui ressemble tant à ce qu'ils ont en eux, ont dépassé le stade du simple adepte pour devenir des adorateurs ultimes, clones de leur idole, à l'affût du moindre mot et du moindre geste. Et si, au fil des années, le public de Manson s'est diversifié, le noyau de corbeaux envoûtés est toujours là, les bras couverts de sang, corsets et résilles de rigueur, voix éraillée d'avoir trop hurlé, tremblant, bouillonnant. Prêt à tout pour son idole. Et c'est sur ce dernier point que le charismatique gourou *metal* sait qu'il a loupé quelque chose. Ça n'aurait pas dû se passer comme ça. « Je souhaite que, grâce à ce que j'exprime dans ma musique, mes fans comprennent qu'il leur faut penser par eux-mêmes. Les influences extérieures doivent uniquement être des éléments de réflexion, la décision finale leur appartient », déclarait-il dans *Kerrang !* il y a quelques années. Sauf que les hordes hystériques qui lui obéissent au doigt et à l'œil pendant les concerts et se laissent enrôler par un chanteur devenu un Dieu ne semblent pas appliquer cette idée. Bien entendu, ce n'est pas une généralité. Bien entendu, il est difficile de résister à la tentation de se laisser happer par ce guide spirituel parfait, intelligent et attractif. Mais il faudrait savoir : si Manson a parole d'évangile, alors pourquoi ne pas l'appliquer et se comporter en individu unique à la pensée unique comme il le demande, plutôt que de le suivre ? Pourquoi recracher son discours et ses opinions comme un texte appris par cœur ? Pourquoi vouer soudainement un culte ridicule à Satan (...) sous prétexte que Manson a signalé dans ces interviews être intéressé par le concept du satanisme ? Etre soi-même jusqu'au bout, dans les idées, dans l'apparence et l'attitude est la meilleure façon d'aimer, d'apprécier, d'adorer, d'aduler Manson.

L'exemple le plus frappant du dérapage incontrôlé du pouvoir de l'artiste sur ses fans reste l'automutilation. S'il a désormais abandonné les rituels sanglants dont les cicatrices de son torse témoignent, ses entailles à coup de tessons de bouteille ont longtemps été le point culminant des concerts. Le public, inexorablement attiré par ce qui l'effraie et le dégoûte, attend fiévreusement de voir le sang couler, symbole de la folie de l'homme qu'ils sont venus admirer. Manson ne s'est jamais réellement expliqué à ce sujet, hormis le fait d'en faire un élément de provocation parfait, qui déchaîne les médias et les parents. Pour comprendre l'acte de mutilation, on peut se référer à plusieurs éclaircissements. Le premier se trouve dans la chanson culte de Nine Inch Nails, *Hurt*, avec ces paroles : *I hurt myself today, too see if I still feel, I focused on the pain, the only thing that's reel* (« Je me suis blessé aujourd'hui, pour voir si j'éprouve encore des sensations, je me suis focalisé sur la douleur, la seule chose qui soit réelle »). Pour Gottfried Helnwein, la mutilation eut, il fut un temps, une présence justifiée dans l'art, en particulier au sein du mouvement artistique Aktion. Il explique dans *Hard N'Heavy* : « Il fut créé à Vienne à la fin des années 70. C'était une forme d'art constituée de performances agressives, voire violentes, destinées à briser les tabous. Certains artistes s'automutilaient et ont dû quitter le pays sous peine d'emprisonnement. Jc connaissais très peu ce mouvement, car il était très restreint et qu'on en parlait peu dans les médias. Mais dans mon coin, je pratiquais simultanément la même chose en me coupant avec des lames de rasoir ou en me recouvrant de sang. C'était une réaction à une société oppressive. » Pour sûr, les adolescents que l'on peut voir aux concerts les bras pleins de cicatrices sont à des kilomètres d'une action contestataire. Et pourtant, Manson n'a jamais encouragé à suivre son (mauvais) exemple. Le docteur Clerget nous éclaire sur le sujet : « C'est une atteinte agressive vis-à-vis de son corps sans avoir envie de mettre fin à ses jours. Ce n'est pas forcément à être assimilé à une tentative de suicide. Ça peut être quelque chose d'un peu superficiel, c'est parfois une réponse à nos angoisses ; avec l'automutilation, l'adolescent essaie de se calmer en se donnant une douleur physique, un peu comme l'effet d'une douche froide. C'est aussi une façon de dire aux autres que l'on a mal, qu'on ne se sent pas bien, mais comme ce n'est pas évident à dire, montrer son corps ensanglanté est une façon plus facile de s'exprimer. Mais quand c'est à répétition, ça peut être inquiétant et vraiment grave, et donc nécessiter une consultation avec un psychologue ou un médecin spécialiste. » Outre l'idée de s'infliger une douleur pour centraliser sa peine (ce qui se rapproche de la vision de Nine Inch Nails), une autre explication caractéristique de l'adolescence est avancée : « C'est une façon de se réapproprier son corps. C'est un âge où le corps change très vite et où on a l'impression de perdre le contrôle. L'automutilation est une manière de retrouver une maîtrise. Quand on mutile son corps, on se donne l'assurance qu'il est bien à nous et qu'on en a le pouvoir. Je crois que ces actions ne doivent pas être vues comme des pulsions de mort mais bien comme des pulsions de vie, mais dirigées contre soi. C'est une façon de connaître ses limites propres. Un peu comme les garçons qui se battent tout le temps, la douleur c'est aussi un moyen de bien connaître les limites de son corps [...] Un corps douloureux est un corps que l'on sent exister, et parfois, à l'adolescence, on ne sait pas très bien en quoi croire : en soi, le monde, la vie, la mort. Cela exprime leurs inquiétudes. » La question à se poser est donc de savoir si les fans de Manson qui vont jusqu'à graver le nom de leur idole sur leur poitrine expriment ici une simple fascination aveugle traduite par une reproduction toute bête de ces actes ou d'un réel mal-être...

Toujours d'après le Dr Clerget, on ne peut pas imputer le comportement d'un « fan » à la musique qu'il écoute, peu importe son milieu. Les parents affolés de voir leurs enfants s'intéresser à des musiques violentes, sombres ou dérangeantes à leur goût ont parfois du mal à admettre que leur enfant ne s'adapte pas à la musique qu'il écoute, c'est l'inverse. Il cherche celle qui lui ressemble. En cela, le pouvoir de Manson sur ses admirateurs est d'autant plus énorme qu'il est calculé pour. Il incarne, musicalement et visuellement, tout ce qui peut attirer ou fasciner la cible la plus facile à atteindre puisque extrêmement fragile : les adolescents, voire préadolescents. C'était en tout cas le premier vivier à atteindre pour se faire un nom, avant de décider ces dernières années de s'adresser à un public plus adulte. « A travers l'univers gothique et tout son aspect sombre, le côté diable, démon, tout cet univers un peu effrayant mais qui est en eux puisqu'ils peuvent avoir des angoisses de morcellements, de déchirements, de possession, de vampirisation, les adolescents peuvent retrouver une représentation de leurs angoisses. Mais les angoisses étaient là avant, et parfois, quand un ado pète les plombs, agresse ou s'automutile avec un scénario qui évoque l'univers gothique, les parents croient que c'est l'univers gothique qui lui est monté à la tête. Mais c'est faux : les angoisses étaient déjà là, ce comportement existait bien avant qu'il ne découvre l'univers gothique ou encore Marilyn Manson. » En cela, Manson est un déclencheur de ce qui était déjà dans le « futur fan ». S'il avait déjà des problèmes, des agissements violents, des accès de colère sous-jacents, qu'il faisait montre d'un besoin de s'exprimer mais ne savait pas comment s'y prendre, alors ce groupe est celui qui donnera naissance à ce qui se tramait à l'intérieur. Que le résultat sur la personne soit positif (regain de confiance en soi, extériorisation) ou négatif (renfermement, mutilation, violence) ne dépend pas de l'artiste ou du mouvement musical choisi mais de la personne elle-même. Car, s'il n'est pas évident à cerner pour les parents inquiets de voir leur progéniture s'éprendre d'un groupe à l'aspect noir et glauque, le message qu'il adresse aux fans est plus que positif. Vivre pour et par soi-même, se battre, se forger ses propres opinions, croire en ses rêves et se donner les moyens de les réaliser. Quitte à ne pas correspondre aux normes, à aller contre la volonté de ses proches. Notre vie n'appartient qu'à nous et c'est à nous de la mener de bout en bout. Les tee-shirts du groupe, certes volontairement émeutiers, qui portaient les slogans *« Kill your God »*, *« Kill your parents »* ou *« Kill Yourself »* ont excité les foules et suscité d'innombrables réactions foudroyantes au sein des associations de famille, cercles religieux et rassemblements de parents. Apparemment, le second degré n'est pas toléré pour tout ce qui touche à l'épouvantail de service et sa troupe de clowns vicieux. Pourtant, une fois passé le sens littéral des citations, le véritable sens est limpide : c'est l'ombre d'un Dieu ou des parents qu'il faut supprimer pour avancer seul. A ce jour, certains lycées américains renvoient encore les élèves qui osent porter ces tee-shirts. Bien avant la tuerie de Littleton, Manson avait déjà été tenu pour responsable de drames impliquant certains de ses fans. Quand un ado de quinze ans se donne la mort en écoutant *Antichrist Superstar*, son père accuse le groupe et la musique en général d'avoir totalement embrigadé son fils au point de commettre un acte dont il n'est pas vraiment conscient. Ce à quoi l'intéressé répond dans le magazine *Select* : « Dans ce genre de situation, vous êtes face à des parents terriblement contrariés, qui préfèrent montrer du doigt un coupable plutôt que d'admettre qu'ils sont eux-mêmes responsables. A côté de ça, vous avez des politiciens qui tentent de gagner une élection et cherchent un *« bad guy »* à accuser. En général, le *« bad guy »* en question, c'est moi. Mais en réalité, personne ne s'inquiète vraiment du bien-être de la jeunesse américaine. Les Américains élèvent leurs enfants dans la bêtise, et ensuite ils sont surpris que les gamins soient idiots. » Il poursuit : « Si vous prenez le temps de parler avec vos enfants, ils auront une vie heureuse. » Or, pour le moment, ceux qui dialoguent avec les enfants et les adolescents, ce sont plus les artistes que les parents qui ont autre chose à faire. Plus amer, il dira dans *Kerrang !* : « J'ai toujours pensé que si quelqu'un est assez con pour se tuer sous l'influence de la musique, alors c'est ce qu'il mérite. Il n'y a rien de plus crétin que de faire ça. »

Parce que l'apparence est inquiétante, les fans de Manson et les gothiques en général sont vus comme des personnes en crise, perdues, associables voire dangereuses. Là-dessus, le Dr Clerget apporte un éclaircissement très intéressant : « Les parents sont inquiets parce que leurs enfants changent de comportement, et peuvent adopter un look un peu gothique par exemple. Ils sont effrayés de ne plus reconnaître leur enfant, alors que lui ne fait que s'exprimer avec sa nouvelle apparence [...] Mais être fan de Marilyn Manson ou de gothique n'est pas plus inquiétant qu'autre chose. C'est vrai qu'il y a une rupture avec le monde des parents, ça les bouleverse. Mais je crois que les adolescents les plus inquiétants au point de vu psychiatrique sont ceux qui ne se détachent pas de leurs parents, qui sont extrêmement conformistes, cela peut être plus dangereux à long terme. Des adolescents qui marquent vraiment leur différence seront dans la plupart des cas des adultes responsables qui trouveront leur voir propre. Tout adolescent est de toutes façons potentiellement en danger car c'est une période extrêmement fragile, alors évidemment les parents doivent être vigilants, mais cela ne veut absolument pas dire interdire, condamner, empêcher d'écouter telle ou telle musique [...] Les idées suicidaires ou les états dépressifs ne sont pas plus fréquents chez les adolescents gothiques que chez les autres. » Alors voilà, rassurez vos parents, les enfants de leurs amis adorateurs de la *Star Academy*, Britney Spears et autre Pascal Obispo ont autant de risques d'être mal et dépressifs que vous. Voici une petite anecdote qui peut faire réfléchir sur le sujet : une fan de Manson de dix-sept ans garde une enfant de dix ans qui ne cesse de lui demander pourquoi elle s'habille en noir, qui est Manson, pourquoi elle l'aime. Du coup, la baby-sitter décide lui faire visionner des extraits d'un concert de 1997, à l'époque où les corsets, porte-jarretelles et maquillages dégoulinants étaient obligatoires. Devant les images, la gamine éclate de rire : « Il est ridicule, c'est un clown, en plus il chante mal. »

Sourire de satisfaction sur le visage de la fan, heureuse de se sentir elle seule concernée par le message de son idole. Sur ce, la mère de famille rentre à la maison et lui somme d'arrêter cette vidéo immédiatement, de peur que la petite ne soit choquée. Pour elle, cet homme est un fou, elle a lu des choses sur lui dans la presse, il maltraite des enfants, tue des poulets, fait de la magie noire, etc. Le fossé est creusé, les trois générations se regardent et ne se comprennent pas. Pour la mère, ces images sont trop agressives, trop différentes de ce qu'elle a l'habitude de voir. Elle n'a pas le temps de saisir le discours et s'arrête à l'esthétique qui la rebute. Typique de ce qui éloigne les fans de Manson de ceux qui ne cherchent pas à aller plus loin que le costume.

Et pourtant, une fois la forme digérée, le fond est plus que louable. Un appel au réveil du peuple, à la culture, à l'épanouissement personnel quoi qu'il en coûte, à la prise en main générale. Marilyn Manson, comme la plupart des groupes dans la même veine, ne se contente pas d'écrire des morceaux insipides et assimilables, l'art est un ensemble, la musique a une âme, une empreinte, elle est soutenue par un univers qui lui est propre. « Il y a des choses très positives dans Marilyn Manson, notamment le fait qu'il peut initier les jeunes à l'art, car c'est une forme d'art même si elle peut choquer. L'art est un moyen de faire le pont entre l'imaginaire envahissant des adolescents et la réalité qui leur déplaît. C'est donc un moyen de la rendre supportable et de canaliser l'imaginaire angoissant très fréquent à cet âge-là. A partir du moment où il y a une représentation, et c'est vrai que la mise en scène de Manson en est une, il y a une distance qui se prend. Et l'adolescent qui va à des concerts avec d'autres adolescents peut voir une interprétation de ses angoisses, il ne sera pas enfermé tout seul dans sa chambre. » Là encore, on peut comprendre que l'extrême intensité des concerts de Manson puisse inquiéter plutôt que rassurer, et il est plus que fréquent de voir des parents proscrire ce genre de sortie à leurs enfants. C'est alors supposer que l'enfant est incapable de faire le discernement entre le théâtre et la réalité, comme s'il ne pouvait pas lui-même faire le tri entre l'aspect purement spectaculaire du show et la musique. Et donc remettre en cause son intelligence ou sa capacité à analyser ce qu'il voit ou reçoit. Et comme souvent l'avis d'un spécialiste est le meilleur remède à la névrose, Stéphane Clerget explique : « C'est un des bons côtés de la civilisation très médiatisée dans laquelle nous vivons. Les adolescents et les enfants sont formés pour faire la part des choses. Ils regardent la télé, vont beaucoup au cinéma et ont beaucoup de recul par rapport à ça. Maintenant, il est vrai que certains ont du mal à faire la part des choses entre la réalité et l'imaginaire, mais ce sont des cas isolés. » Et s'il y a une chose que Manson ne supporte pas, c'est bien que l'on sous-estime les aptitudes intellectuelles et la compréhension qu'ont les jeunes du monde. Il déclare dans *Q* (2003) : « Les enfants ne sont pas idiots, ils sont même plus malins que les adultes car ils voient les choses comme elles sont réellement, et non pas comme le poids de l'expérience les oblige à les voir en tant qu'adulte. »

Le plus intelligent dans l'histoire reste Manson, qui parvient à la fois à faire son beurre et garder sa place de maître dans le show-business, tout en continuant à être brillant et ingénieux. Le pouvoir qu'il exerce sur ses fans est aussi puissant qu'il est bénéfique pour eux, pour peu qu'ils acceptent de prendre leur vie en main et de ne pas tomber dans le piège de l'uniformisation forcée. Son réel intérêt pour ses adorateurs, son propos toujours concerné et incisif en fait l'accompagnateur idéal dans le périple qui permettra à chacun de se découvrir et de se réaliser. Malheureusement, il arrive pour certains que cette mainmise devienne trop envahissante et lourde, au point que du stade d'aide, il passe à celui d'un Dieu ou d'un gourou dont il devient impossible de se détacher. Les premiers rangs des concerts en transe, les filles en larmes, les pertes de conscience à chacune de ses apparitions ou sa présence trop forte dans la vie de certains semblent les emprisonner dans leur fanatisme. Ce qui va totalement à l'encontre de ce que l'on peut considérer comme la doctrine du groupe : *Be your own God* (« Soit ton propre Dieu »). Mais la situation n'est pas désespérée, comme conclut le Dr Clerget : « Je n'ai jamais reçu d'adolescents qui se sentent enfermés dans l'univers auquel ils sont rattachés. C'est dans leur propre délire qu'ils se sont noyés. Il y ont parfois intégré Manson et tout ce qui les touche, mais c'est d'abord leur propre production qui les empoisonne. Lorsqu'ils ne délirent pas et qu'ils souhaitent se détacher du monde dans lequel ils se sont plongés, ils parviennent à le faire sans trop de difficulté. Mais encore une fois, les comportements suicidaires ou violents ne sont pas plus fréquents chez ces adolescents que chez les autres. »

Pour conclure, et parce que cette biographie a été écrite par une fan, j'y mettrais un point final en disant que l'influence positive de Manson peut aider - sauver - soutenir, pour peu qu'on l'accepte. Il est facile de ne voir que le lugubre, le rouge du sang, les déclarations fracassantes et les prestations scéniques frénétiques, mais être fan de Manson n'est pas facile. Aller plus loin que l'apparence n'est pas facile. Mais c'est possible. La preuve.

Discographie

Albums

- Portrait of an American Family, 1994
- Smells Like Children, 1995
- Antichrist Superstar, 1996
- Mechanical Animals, 1998
- The Last Tour on Earth, 1999
- Holy Wood, 2000
- The Golden Age of Grotesque, 2003

Vidéo et DVD

- Dead to the World, 1998
- God Is in the TV, 1999
- Demystifying the Devil, 1999 (non officielle)
- Guns, God and Government Tour, 2002

Bibliographie

Livres

- *The Long Hard Road Out of Hell*, par Marilyn Manson et Neil Strauss (version française : *Mémoires de l'Enfer*)
- *Dissecting Marilyn Manson*, par Gavin Baddeley
- *Marilyn Manson de A à Z*, par Charlotte Blum
- *Marilyn Manson*, par Kurt B.Reighley
- *The Story of Marilyn Manson*, par Doug Small
- *La bête parmi nous*, par Jota Martinez Galiana
- *The Unauthorized Biography*, par Roger Kalen
- *Smells Like White Trash*, par Susan Wilson

Web

- www.marilynmanson.com, site officiel
- www.mansonusa.com
- www.marilyn-manson.net
- www.marilynmanson.net
- www.mansonfr.com (français)
- www.deadstar.net (français)

Sources

Presse anglo-saxonne

Kerrang !
Q
Metal hammer
Alterneative press
NME
Metal Edge

Guitar World
Select

Presse française

Total ADdict
Hard N'Heavy
Rocksound
Rock Mag
Hard Rock Mag
Rage
Rock & Folk

Littérature et philosophie

- *L'Antechrist*, Nietzsche
- *Ainsi parlait Zarathoustra*, Nietzsche
- *Aphorismes sur la sagesse de la vie*, Schopenhauer
- *Charlie et la chocolaterie*, Roald Dahl
- *The Cat in the Hat*, Dr Seuss
- *Phrases et Philosophies*, Oscar Wilde
- *The Long Hard Road Out of Hell*, Marilyn Manson & Neil Strauss

Divers

www.marilynmanson.com
www.helnwein.com

Remerciements

A Nadine et Jessica Blum, René et Muriel Bensoussan, Frédéric Blum.

A Sébastien Raynaud.

A Thierry Frébourg, Agnès Evrard, Pierre Bonnet, Carole Epinette, Renaud Doucet, Sophie Hervier, Vincent Jean, Sarah Perrot, Sophie Hancart, la Fuck You Team, Gary et Tom Laporte, Stéphane Clerget, Carine Hervé, Gilles Gaillot.

Table des matières

"Portrait" Musicbook

Directeur de collection :
Stéphane Chabenat

Création graphique :
Philippe Marchand

Secrétariat d'édition :
L. Sergent

Photo de couverture :
SCHNEIDER / DALLE
Cahier photos central : Carole Épinette

14, boulevard Poissonnière
75308 Paris Cedex 09

Achevé d'imprimer sur rotative
par l'imprimerie Darantiere à Dijon-Quetigny
en avril 2004

Dépot légal : mars 2004
N° d'impression : 24-0466
Imprimé en France

ISBN : 2-84343-162-X